JN145306

Minna no Nihongo

みんなの日本語

중급 Ⅱ

中級Ⅱ翻訳・文法解説 韓国語版

번역・문법해설

スリーエーネットワーク

Published by 3A Corporation.
Trusty Kojimachi Bldg., 2F, 4, Kojimachi 3-Chome, Chiyoda-ku, Tokyo 102-0083, Japan

ISBN 978-4-88319-616-6 C0081

First published 2017
Printed in Japan

머리말

『민나노 일본어 중급Ⅱ』는 『민나노 일본어 중급Ⅰ』의 후속편으로 기획・편집된 종합 일본어 교재입니다.

『중급Ⅰ』은 '초급'의 연장 학습으로서 '중급'의 학습 목표를 쉽게 이해하고 달성할 수 있도록 구성되었습니다. 또한 여러 언어로 번역되어 일본 국내의 일반 학습자 뿐만 아니라 일본으로의 취학 및 유학을 목표로 국내외의 일본어 교육기관에서 학습하는 학생들의 교재로도 폭넓게 사용되고 있습니다.

최근 일본에 정주하는 외국인이 증가함에 따라 다양한 분야 및 지역의 국제교류도 일상화・다양화되는 추세입니다.

이처럼 일본 내 환경의 변화와 더불어 일본어 학습자 층이 다양화되는 상황에서 여러 분야로부터 『중급Ⅰ』에 이은 『중급Ⅱ』 교재 제작에 관한 요청을 지속적으로 받아왔습니다.

본 교재는 그러한 요망에 부응하기 위해, 실전 경험이 풍부한 일본어 교사와 연구자가 협력하여 집필, 시험적인 사용 및 검토와 편집을 거듭해 완성한 교재입니다.

초급에서는 최소한 일본어로 자신의 의사를 상대방에게 전달하고 상대방의 이야기를 이해할 수 있는 능력을 갖추어야 합니다. 그러나 중급에서는 학습을 통한 일본어 운용능력의 습득 뿐만 아니라 일본 고유의 문화, 습관 및 일본의 정신을 이해하고 나아가 일본어 학습 자체에서 기쁨을 발견하는 단계이기도 합니다.

본 교재는 일본어 학습에 필요한 이러한 요소를 충분히 만족시킬 수 있을 것이라고 확신합니다.

마지막으로 본 교재의 편찬을 위해 각 방면에서 귀중한 의견을 보내주시고 수업에서 교재의 시험적인 사용을 위해 협력해 주신 많은 분들께 진심으로 감사드립니다.

당사는 앞으로도 이문화간 교류에 필요한 교재의 개발 및 출판을 통해 인적 네트워크를 더욱 확대해가고자 합니다. 여러분의 많은 성원과 지도를 부탁드립니다.

2012년 3월

주식회사 쓰리에이 네트워크

대표이사 사장 고바야시 타쿠지

일러두기

Ⅰ. 교재의 구성

『민나노 일본어 중급Ⅱ』는『교재 본책 (CD 포함)』과『번역·문법 해설 (각국어 판)』로 구성되어 있다.『번역·문법 해설 (각국어판)』은 영어판 외에도 순차적으로 출간할 예정이다.

이 책은 중급 후반의 교재로,『민나노 일본어 초급Ⅰ·Ⅱ』(초급 300 시간)『민나노 일본어 중급Ⅰ』(중급 전반 150 시간)을 수료한 학습자가 중급에서 상급으로 올라가는 시기에 필요한「읽기·쓰기」「말하기·듣기」의 종합적인 언어 능력과 함께 스스로 학습할 수 있는 능력을 기르는 것을 목적으로 하고 있다.

『중급Ⅱ』는 중급 후반의 효과적인 학습의 전개를 감안하여『초급Ⅰ·Ⅱ』『중급Ⅰ』까지와는 다르게「읽기·쓰기」,「말하기·듣기」,「문법·연습」「문제」의 순으로 구성했다.

Ⅱ. 교과서의 내용

1.「본 책 (CD 포함)」

(1) 본과

각 과의 구성과 내용은 다음과 같다.

1) 읽기·쓰기

학습자가 흥미를 가지고 즐기며 읽을 수 있는 테마로, 학습 수준에 맞는 내용의「읽기 자료」를 준비했다.

신출 어휘에 구애 받지 말고「読むときのポイント읽을 때의 포인트」를 참고하여 문장 전체를 읽어 나가 대략적인 의미를 파악한다. 각 과의「신출 어휘」는 별도 판매하는『번역·문법 해설』에 게재되어 있지만 문맥 속에서 단어의 의미를 유추하거나 사전에서 조사해 확인하는 등 실제적인「독해」를 체험한다.

1. 考えてみよう　생각해 보자

   읽기 전의 준비로서「읽기 자료」본문의 주제와 배경에 관한 지식을 활성화시킨다.

2. 読もう　읽어 보자

   서두에「読むときのポイント읽을 때의 포인트」가 제시되어 있다. 내용을 이해하고, 전체를 파악하기 위해 필요한 독해 힌트와 전략, 기술이 나타나 있다. 문장의 흐름에 주목하여 대략의 의미를 신속하고 정확하게 파악할 수 있도록 하는 것을 목표로 한다.

3. 確かめよう　확인해 보자

「読むときのポイント읽을 때의 포인트」의 과제가 정확하게 수행되어 전체 문장의 요지를 파악할 수 있었는지의 여부와 어구의 의미를 문맥 속에서 파악하고 이해할 수 있었는지 확인한다.

4. 考えよう・話そう　생각해 보자・이야기해 보자

본문에 관련된 과제에 대해 생각하고 자신의 경험과 느낌을 바탕으로 의견을 말하거나 이야기를 정리하여 말해 본다.

5. チャレンジしよう　도전해 보자

본문의 내용을 심화시킨 과제에 도전하여 문장으로 정리한다. 그에 대한 힌트로 과제에 따른 어구, 문장 형식, 문자 수 (200 ～ 800 자 정도), 문장의 흐름 등을 제시한다.

2) 말하기・듣기

『중급Ⅱ』의 「말하기・듣기」는 「읽기・쓰기」와 관련된 화제・기능의 교과 과정으로 구성되어 있다.

전반 13 과에서 18 과까지는 사교・교류 회화의 장면을 중심으로 화제, 내용, 상대에 따라 적절하게 표현할 수 있는 회화력을 기른다. 「회화」에서는 실제 대화 속에서 이루어지는 표현 (공감, 칭찬, 겸손, 위로, 격려, 대우 표현 (상대 또는 대화 상대의 상하 관계 등에 따른 회화 스타일)의 구분 등)이 제시되어 있다.

후반 19 과에서 24 과까지는 다양한 구두 발표의 장면 - 인사, 인터뷰, 발표 (정보 전달), 토론, 연설, 취업면접 - 등을 설정했다. 화제, 정보와 자료의 제시, 듣는 사람을 배려한 구체적인 발표 및 화법의 지표가 제시되어 있다.

1. やってみよう　해 보자

목표 대화로의 도입부로, 질문에 따라 주어진 상황에서 어느 정도 할 수 있는지 이야기해 본다.

2. 聞いてみよう　들어 보자

CD 「회화・발표」에서 내용, 표현을 들어 본다.

3. もう一度聞こう　다시 한번 들어 보자

CD 를 들으면서 ＿＿＿ 부분에 단어를 기입하여 「회화・발표」를 완성한다.

4. 言ってみよう　말해 보자

그림을 보면서 발음과 억양에 주의하며 CD 의 음성대로 말해 본다.

5. 練習しよう　연습해 보자

「회화・발표」에 사용되는 기능적인 표현이나 단어를 이용해 장면이나 설정을 바꿔 회화 연습을 한다.

6. チャレンジしよう　도전해 보자

주어진 상황에서, 해당 과가 목표로 하는 기능을 살려 이야기를 한다.

3) 문법・연습

「문법・연습」은 각 과 모두「읽기・쓰기」「말하기・듣기」로 구분되어 있다.

1. 「읽기・쓰기」「말하기・듣기」의 문법 항목 (문형)은, 각각「이해 항목」과「산출 항목」으로 구분된다.
2. 「이해 항목」「산출 항목」모두 각과의「읽기・쓰기」「말하기・듣기」본문에서 문장을 뽑아 제목으로 달았다. 문법 항목의 부분은 굵은 글씨로 제시된다.
3. 「이해 항목」은 예문을 달아 이해를 촉진시키고, 문형의 의미와 기능이 적절히 이해되었는지 a,b 택일 문제를 통해 확인한다.
4. 「산출 항목」은 예문을 달아 이해를 촉진시킨 뒤, 문형 산출을 위한 다양한 연습을 도입해 일상 언어 활동으로 연결시킨다.

4) 문제

각 과의 마지막 부분의「문제」는「Ⅰ. 청해」(CD 마크 부분),「Ⅱ. 독해」로 구성된다.

각 과에서 배운 문형과 어휘・표현뿐만 아니라, 그 과의 학습 목표, 화제・기능을 중시하여「회화・발표」의 장면과 내용, 또는 작품이나 기사를 선별했다.「문제」는 학습한 사항의 피드백에 그치지 않고, 문제를 푸는 작업을 통해 일본어의 종합적인 이해력을 단련시켜 언어 생활을 풍부하게 만드는 데 목적이 있다.

(2) 표기와 후리가나

1) 한자는 원칙적으로「상용 한자표」와「부속표」를 따른다.

1. 「숙자훈 (熟字訓(じゅくじくん))」(2자 이상의 한자를 조합시켜 특수하게 읽는 것) 가운데,「상용한자표」의「부속표」에 표시된 것은 한자를 사용했다.
   예 : 友達(ともだち)　친구, 眼鏡(めがね)　안경, 風邪(かぜ)　감기, 一人(ひとり)　한 사람
2. 인명・지명 등의 고유명사 또는 예능・문화 등 전문 분야의 용어에는「상용한자표」에 없는 한자와 음, 뜻도 사용한다.
   예 : 世阿弥(ぜあみ)　제아미, 文藝(ぶんげい)　문예, 如月(きさらぎ)　여월(음력 2월)

2)「상용한자표」및「부속표」에 표시된 한자라도 학습자의 편의를 고려하여 히라가나를 섞어서 쓴 것도 있다.

예 : ある (有る・在る) 있다,　いまさら (今更) 이제 와서,
　　さまざま (様々) 여러 가지

3) 숫자는 원칙적으로 아라비아 숫자를 사용했다.

예 : 9時(じ)　9 시 , 10月2日(がつふつか)　10 월 2 일 , 90歳(さい)　90 세

단 , 다음과 같은 경우는 한자 숫자를 사용했다 .

예 : 一日中(いちにちじゅう)　종일 , 数百(すうひゃく)　수백 , 千両(せんりょう)　천냥

4) 후리가나는 원칙적으로 초급에 해당하는 한자에는 달지 않았다 .

1. 숙어에서 중급에 해당하는 한자를 포함하는 경우는 예외로 한다 .
2. 해당 페이지에서 처음에 나오는 중급에 해당하는 한자에는 후리가나를 달았다 .
3. 「읽기・쓰기」「말하기・듣기」각각의 본문 내 (펼친 면)의 동일한 한자는 처음 나올 때에만 후리가나를 달았다 .

(3) 학습항목

「읽기・쓰기」「말하기・듣기」에 제시된 문법 항목은 각각「이해 항목」과「산출 항목」으로 분류하여 제시했다 .

1)「읽기・쓰기」

각 과의「읽기 자료」의 제목 , 목표 (전략), 문법 항목 (77 항목)-①이해 항목 (34 항목) ②산출 항목 (43 항목) - 이 제시되어 있나 .

2)「말하기・듣기」

각 과의「회화・발표」의 제목 , 목표 (전략), 문법 항목 (41 항목)-①이해 항목 (20 항목) ②산출 항목 (21 항목) - 이 제시되어 있다 .

또한 문법 항목의 표기는 문법 용어를 사용하지 않고 다음과 같이 하였다 .

접속 부분이 명사 등의 어구에 해당하는 경우는「〜」로 나타냈다 .

예 : 〜といった (제 14 과)

접속 부분이 문장에 해당하는 경우「…」으로 나타냈다 .

예 : …という (제 15 과)

그러나 접속 부분이 '문장' 이라도 끝의「て형」「た형」「사전형」「たら형」「ている형」「ば형」등 특정 형태를 취하는 경우는「〜」로 나타냈다 .

예 : 〜たところ (제 16 과)

(4) 문법플러스알파

1)「문법 플러스알파」는『중급 I』『중급 II』에서 배운 '중급 문법' 의 보충 항목이다 .

'상급 일본어' 혹은 '전문 일본어' 를 목표로 하는 등 학습자의 다양한 요구에 부응한 학습 내용이다 .

2) 문법 항목은 의미 및 기능별로 크게 5 가지로 정리했다 .

1. 복합 조사 (2 단어 이상으로 구성된 '조사에 해당하는 단어')를 사용하여 표현한다 .

2. 접속어를 사용하여 표현한다.
3. 접미사를 사용하여 다양한 표현을 한다.
4. 발화할 때의 주관적 태도, 마음가짐을 표현한다.
5. 어떤 동작이나 현상이 시간의 경과 속에서 어떤 상태에 있는지를 표현한다.

3) 문형에는 각각의 예문을 제시하고 있다.
4)『번역・문법 해설』에는 문형의 의미・기능에 대해 설명이 되어 있다.

(5) 색인

1) 신출어휘 (약 2, 430 단어)
2) 회화 표현 (53 단어)
3) 한자 (339 자)
   * 「읽기 자료」 전체 12 과에 제시된 상용 한자 중, 초급에 해당하는 한자 및 『중급 I』의 한자 (315 자) 를 제외한 한자.
4) 문법 항목 (「문법・연습」「문법 플러스알파」 및 『중급 I』의 「학습 문법 항목」) (357 문형)

(6) 해답

1) 해답
   1.「읽기・쓰기」「말하기・듣기」「문법・연습」
   2.「문제」 (청해 문제의 스크립트도 포함)
   (문제에 따라서는 학습자의 배경에 따라 다양한 답이 존재한다. 여기서는 하나의 예시 답안을 제시한다.)
2)「말하기・듣기」 회화 스크립트
3) 과 후반 듣기 문제 스크립트
4) CD 의 내용

(7) CD

CD 에는 ①「읽기・쓰기」의 본문 「읽기 자료」, ②「말하기・듣기」의 「회화・발표」, ③ 「문제」의 청해 부분이 수록되어 있다. 『중급 I』과 마찬가지로 음성을 통해 풍부한 일본어 표현을 이해하고 운용 능력을 키우는 데 활용한다.

2. 「번역 문법 해설 (각국어판)」

본 책 첫머리의 「머리말」「일러두기」「학습자 여러분께」「등장인물」 그리고 각 과에서 「신출어휘」「문법해설」「학습항목」「문법플러스알파」가 각국어로 번역되어 있다.

(1) 신출 언휘와 번역

각 과 모두 신출 어휘・회화 표현・고유 명사가 등장하는 순서에 따라 제시되어 있다.

(2) 문법 해설

「본문」에 등장하는「이해 항목」「산출 항목」의 의미・기능을 각 언어로 설명하고 있다. 특히「산출 항목」에 대해서는 그 의미, 기능을 명확하게 설명하여 학습자가 말하거나 쓸 때에도 실제로 문형을 사용할 수 있도록 하였다.

(3) 문법 플러스 알파

「문법 플러스알파」는『중급Ⅰ』『중급Ⅱ』에서 배운 '중급 문법'의 보충 항목이다. 문형은 각 과의「문법・연습」에서 사용된 문형에 준하며, 의미・기능의 해설과 예문을 달았다.

학습자 여러분께

학습자 여러분이「みんなの日本語中級 중급Ⅱ (CD 포함)」와 별도로 판매하는「みんなの日本語中級Ⅱ 번역・문법 해설 (각국어 버전)」을 이용하여 효율적으로 학습을 진행할 수 있도록 그 요점을 설명하겠습니다.

Ⅰ.『みんなの日本語 중급Ⅱ 본책 (CD 포함)』

1. 읽기・쓰기 (읽기 자료)

여러분이 흥미와 관심을 가지실 수 있는 주제와 중급 후반의 학습 수준에 걸맞은 내용으로 구성했습니다. 문장을 독해하고, 독해한 내용을 토론하거나 단락을 염두에 두고 문장을 작성하는 방법을 배웁니다. 각 과의 서두에는 그 과의 목표, 독해의 힌트가 제시되어 있습니다.

1. 考えてみよう (생각해 보자) : 읽기 전에 본문의 화제와 관련된 내용을 생각하거나 이야기합시다.
2. 読もう (읽어 보자) :「読むときのポイント읽을 때의 포인트」의 지시를 참고하여 본문을 읽습니다. 말의 의미는 우선 맥락 속에서 생각하고 유추한 뒤『번역・문법 해설』이나 사전에서 의미를 확인합시다.
3. 確かめよう (확인해 보자) : 내용을 얼마나 이해했는지 확인합니다. 본문과 질문 사이를 여러 번 반복해서 확인해도 괜찮습니다.
4. 考えよう・話そう (생각해 보자・이야기해 보자) : 본문의 주제와 관련된 내용을 생각하며 친구들과 대화하고 발표해 봅시다.
5. チャレンジしよう (도전해 보자) : 본문의 내용에서 심화된 주제와 관련하여 주어진 조건의 범위에서 글을 써 봅시다.

2. 말하기・듣기 (회화・발표)

「회화・발표」의 내용은 그 과의「읽기 자료」의 주제와 관련되어 있습니다. 각과의 서두에「회화・발표」의 목표와 기능이 제시되어 있습니다.

전반 13과~18과에서는 보다 원만한 인간 관계를 구축하고 의사 소통을 원활하게 하기 위한 회화를 배웁니다. 후반 19과~24과에서는 인터뷰, 발표, 토론, 스피치, 취직 면접 장면에서의 자기 표현력을 키웁니다.

1. やってみよう (해 보자) : 주어진 설정에서 그 과를 학습하기 전에 얼마나 할 수 있는지 이야기해 봅시다.
2. 聞いてみよう (들어 보자) : 등장 인물과「듣기 포인트」를 확인한 후, CD로 내용과 표현을 들어 봅시다.
3. もう一度聞こう (다시 들어 보자) : 다시 한번 CD를 듣고 밑줄 부분에 키워드와 회화 표현을 기입해 봅시다.

4. 言ってみよう (말해 보자) : 그림을 보고 회화를 재생합니다. 발음이나 억양에 주의하며 CD에서 들리는 대로 말해 봅시다.
5. 練習しよう (연습해 보자) : 그 과의 회화 표현을 사용하여 주어진 장면과 기능에 따라서 회화 연습을 합시다.
6. チャレンジしよう (도전해 보자):보다 심화된 연습입니다. 그 과에서 배운「회화・발표」의 틀과 설정을 살려 자유롭게 이야기하거나 발표해 봅시다.

3. 문법・연습

「문법・연습」의 제목은 각 과의「읽기・쓰기」「말하기・듣기」본문에서 뽑아 낸 문장이며, 문형은 굵게 표시되어 있습니다. 각 과 모두「읽기・쓰기」「말하기・듣기」의 문형은「이해 항목」「산출 항목」의 순으로 제시되어 있습니다.

「이해 항목」은 예문을 읽고 문형의 의미・기능을 이해한 뒤, a와 b 중 어느 쪽이 옳은지 정답을 고르는 문제를 풀며 내용이 이해되었는지 확인합니다.

「산출 항목」은 예문에서 의미・기능을 이해한 뒤 다시 한번 말하고 쓰는 연습을 합니다.

4. 문제 (복습)

각 과의「읽기・쓰기」「말하기・듣기」의 목표가 달성되었는지, 문법 항목과 신출 어휘의 의미・용법이 잘 이해되었는지 확인합니다.

1. 청해
   각 과의 주제, 기능과 관련된「회화・발표」(CD)를 듣고, 표현이나 내용이 잘 들렸는지 확인합시다.
2. 독해
   각 과의 주제, 기능과 관련된 문장을 읽고 어구・표현이나 내용이 잘 이해되었는지 확인합시다.

「문제」에는 실제 신문 기사나 수필 등이 사용되어 중급 학습 수준 이상의 어휘・표현도 포함되어 있지만, 지금까지 쌓아온 언어 지식과 전략을 활용하여 실력을 시험해 봅시다.「해답」은 별책에 있습니다.

5. 문법 플러스 알파

『중급 I』『중급 II』에서 배운 문법 항목을 보충했습니다.

「상급 일본어」나「전문 일본어」를 목표로 하는 사람은 도전해 보세요.

6. CD (🔈 CD 마크)

CD 마크가 표시된 부분은 CD에 음성이 수록되어 있습니다.

1. 「읽기・쓰기」(「読もう」)
   문장 속에서 어떤 부분을 강조해서 읽고, 또 어떤 부분을 단순하게 흘리듯이 읽는지, 그것은 어떤 리듬이나 높낮이를 수반하는지 등에 대해서도 주의하며 들어 봅시다.

2.「말하기・듣기」(「聞いてみよう」)(「もう一度聞こう」)

실제 상황을 반영하여 소리나 잡음, 소리의 원근감을 담았으므로 상황을 그리며 들어봅시다.

3.「문제」

「Ⅰ. 청해」CD의 회화를 듣고 음성의 지시에 따라 대답해 봅시다.

Ⅱ.「번역・문법 해설」

본 책 서두의「머리말」「일러두기」「학습자 여러분께」「등장 인물」및「학습용어」「문법용어의 생략」이 번역되어 있습니다. 등장 인물은『민나노 일본어 중급 Ⅰ』에 나온 사람도 있고『중급 Ⅱ』에서 처음으로 등장하는 사람도 있습니다. 여러분의 새로운 친구로 맞이해 주세요.

1. 신출 어휘와 그 해석

신출 어휘, 회화 표현, 고유 명사는 각 과별로 나오는 순서에 따라 게재되어 있습니다.

2. 문법 해설

각 과의「문법・연습」에서 다룬「문형」의 의미와 기능을 설명했습니다. 특히「산출 항목」에 대해서는 상세히 해설하여 학습자가 말하거나 쓸 때에 실제로 문형을 사용할 수 있도록 하였습니다.

3. 문법 플러스 알파

「문법 플러스 알파」는『중급 Ⅰ』과『중급 Ⅱ』에서 배운 문법의 보충 항목입니다.

본 교재는 여러분의 학습의 자율성을 존중하면서 초급부터 중급 전반부까지 학습한 내용을 기반으로 하여 중급 학습자에게 요구되는 능력-읽은 내용을 말하고 쓰고 요약할 수 있는 능력-을 키울 수 있도록 편집했습니다.

본 교재가 여러분이 중급 후반부의 일본어 학습을 하는 데 도움이 되어 다음 단계로 나아갈 수 있는 디딤돌이 되길 바랍니다.

학습용어

		課
あらたまった形(かたち)	격식 차린 형태	14
あらたまった表現(ひょうげん)	격식 차린 표현	16
言(い)い換(か)え	바꿔 말하기, 대치하기	14
意志(いし)	의지	17
意志動詞(いしどうし)	의지동사	22
解釈(かいしゃく)	해석	14
書(か)き言葉(ことば)	문장어, 문장체	15
格助詞(かくじょし)	격조사	18
確信(かくしん)	확신	*
確認(かくにん)	확인	*
硬(かた)い文体(ぶんたい)	딱딱한 문체	22
感覚(かんかく)	감각	14
感情(かんじょう)	감정	*
聞(き)き手(て)	듣는 사람, 청자	13
帰結(きけつ)	귀결	13
希望(きぼう)	희망	17
義務(ぎむ)	의무	17
疑問詞(ぎもんし)	의문사	*
逆接(ぎゃくせつ)	역접	*
共感(きょうかん)	공감	13
空間名詞(くうかんめいし)	공간명사	19
くだけた話(はな)し言葉(ことば)	격의 없는 구어체, 회화체	13
くだけた表現(ひょうげん)	격의 없는 표현	18
継続(けいぞく)	계속	14
形容詞文(けいようしぶん)	형용사문	14
原因(げんいん)	원인	16
限定(げんてい)	한정	*
語幹(ごかん)	어간	15
固有名詞(こゆうめいし)	고유명사	18
誘(さそ)いかけ	권유, 제안	*
叱(しか)る	꾸짖다	17
時間名詞(じかんめいし)	시간명사	19
指示(しじ)	지시	*
事実(じじつ)	사실	17
修飾(しゅうしょく)する	수식하다	14
終助詞(しゅうじょし)	종조사	20
主語(しゅご)	주어	22
手段(しゅだん)	수단	17
出現(しゅつげん)	출현	14
述語(じゅつご)	술어	14
順接(じゅんせつ)	순접	*
状況(じょうきょう)	상황	17
条件(じょうけん)	조건	*
上昇(じょうしょう)イントネーション	상승 인토네이션 (억양)	17
状態(じょうたい)	상태	14
状態動詞(じょうたいどうし)	상태동사	13
助詞相当(じょしそうとう)の語句(ごく)	조사 해당 어구	*
請求(せいきゅう)	청구, 요구	16
接続語(せつぞくご)	접속어	*
接尾語(せつびご)	접미어	*
説明(せつめい)	설명	14
先行文(せんこうぶん)	선행문	15
選択(せんたく)	선택	*
対比(たいひ)する	대비하다	*

		課
断定(だんてい)	단정	*
中止形(ちゅうしけい)	중지형	22
付(つ)け加(くわ)える	덧붙이다, 보태다	*
提案(ていあん)	제안	*
定義(ていぎ)	정의	14
丁寧形(ていねいけい)	정중형	17
丁寧(ていねい)な話(はな)し言葉(ことば)	정중한 구어체	14
出来事(できごと)を表(あらわ)す名詞(めいし)	사건, 일을 표현하는 명사	16
て形(けい)	て형	22
転換(てんかん)	전환	*
伝聞(でんぶん)	전문 (전해 들음)	15
動作動詞(どうさどうし)	동작동사	13
動作(どうさ)を表(あらわ)す名詞(めいし)	동작을 나타내는 명사	19
認識(にんしき)	인식	14
話(はな)し言葉(ことば)	구어, 구어체	17
話(はな)し手(て)	말하는 사람, 화자	13
反事実(はんじじつ)	반사실 (조건법적 서술)	16
判断(はんだん)	판단	14
反復(はんぷく)	반복	14
非意志動詞(ひいしどうし)	비의지동사	22
比較(ひかく)	비교	18
必要(ひつよう)	필요	19
否定形(ひていけい)	부정형	18
人(ひと)を表(あらわ)す名詞(めいし)	사람을 나타내는 명사	21
非難(ひなん)	비난	17
比喩的(ひゆてき)	비유적	13
複合助詞(ふくごうじょし)	복합조사	*

		課
普通形(ふつうけい)	보통형	13
部分的否定(ぶぶんてきひてい)	부분적 부정	*
古(ふる)い表現(ひょうげん)	낡은 (예스러운) 표현	21
文末(ぶんまつ)	문말	13
文脈(ぶんみゃく)	문맥	14
補足(ほそく)	보족, 보충	*
補足説明(ほそくせつめい)	보충설명	13
名詞文(めいしぶん)	명사문	14
命令(めいれい)	명령	17
要求(ようきゅう)	요구	16
様相(ようそう)	양상	*
様態(ようたい)	양태	*
要望(ようぼう)	요망	16
理由(りゆう)	이유	17
例示(れいじ)する	예시하다	*
連体修飾(れんたいしゅうしょく)	연체수식 (명사 수식)	15

*는 제3부「문법 플러스알파」에 등장하는 용어를 나타낸다.

문법용어의 생략

N	명사（名詞）
A	형용사（形容詞）
いA	い형용사（い形容詞）
なA	な형용사（な形容詞）
V	동사（動詞）
Vます형	동사 ます형（動詞ます形）
V사전형	동사 사전형（動詞辞書形）
Vない형	동사 ない형（動詞ない形）
Vた형	동사 た형（動詞た形）
Vて형	동사 て형（動詞て形）

등장인물

マイク・ミラー／마이크 밀러
미국, IMC의 사원

中村(なかむら)　秋子(あきこ)／나카무라 아키코
일본, IMC의 영업과장

イルワン／일완
터키, '오스만 융단'의 소장

山田(やまだ)　一郎(いちろう)／야마다 이치로
일본, IMC(오사카)의 사원

太郎(たろう)／다로
일본, 초등학생
야마다 이치로와 도모코의 아들

山田(やまだ)　友子(ともこ)／야마다 도모코
일본, 은행원

ジョン・ワット／존 왓트
영국, 사쿠라 대학의 강사

木村(きむら)　いずみ／기무라 이즈미
일본, 아나운서, 왓트의 아내

カリナ／카리나
인도네시아, 후지 대학의 학생

イー・ジンジュ／이진주
한국, AKC의 연구자

ジャン／쟝
프랑스, 사쿠라 대학의 학생

小川（おがわ）／오가와
일본, 사쿠라 대학의 학생

山口（やまぐち）／야마구치
일본, 사쿠라 대학의 학생

張（ちょう）／조
중국, 사쿠라 대학의 학생

森（もり）／모리
일본, 사쿠라 대학의 교수

ジョゼ・サントス／조세 산토스
브라질, 브라질에어의 사원

マリア・サントス／마리아 산토스
브라질, 산토스의 아내

池田（いけだ）／이케다
일본, 브라질에어의 사원

優太（ゆうた）／유타
일본, 이케다와 미란다의 아들

ミランダ／미란다
멕시코, 이케다의 아내

＊ IMC (컴퓨터 소프트웨어 회사)
＊ AKC (아시아 연구 센터)

차　례

머리말

일러두기

학습자 여러분께

학습용어

문법용어의 생략

등장인물

제 1 부　신출어휘

제 13 과 2

제 14 과 10

제 15 과 18

제 16 과 25

제 17 과 33

제 18 과 40

제 19 과 45

제 20 과 52

제 21 과 60

제 22 과 67

제 23 과 76

제 24 과 83

문법플러스알파 90

제 2 부　문법해설

제 13 과 ………… 96

読む・書く

1．～たて

2．たとえ～ても

3．～たりしない

4．～ほど

話す・聞く

5．…んだって？

6．～ながら

7．つまり、…という／ってことだ

8．…よね。

제 14 과 ………… 101

読む・書く

1．～際

2．～といった

3．～に（も）わたって

4．～うちに

5．～にとって

6．～とは

7．～において

8．…わけだ

9．…のではないだろうか

話す・聞く

10．…っけ？

11．～げ

제 15 과 ………… 107

読む・書く

1．…という

2．～たびに

3．～に関する

4．…わけではない

5．…のではないか

6．…のだ

話す・聞く

7．…ほどのものじゃない

8．～だけでなく

9．～といえば

제 16 과 113

読む・書く

1．～に応じる・～に応じて

2．～によって

3．～とみられる

4．…としている

5．～にもかかわらず

6．…とともに

7．～たところ

話す・聞く

8．あんまり…から

9．…ところだった

10．～に限って

제 17 과 118

読む・書く

1．～からなる

2．～としては

3．～上

4．～により

5．～ことから

6．～ざるを得ない

話す・聞く

7．～てはじめて

8．～ったら

9．～にしては

10．…からには

11．～でしょ。

제 18 과 ······ 123

読む・書く

1. …に違いない
2. ～に比べて
3. …ものだ・ものではない

話す・聞く

4. ～た
5. だって、…もの。
6. ～たところで
7. ～だって
8. ～こそ

제 19 과 ······ 128

読む・書く

1. ～を対象に
2. ～ばかりでなく
3. ～にほかならない
4. ～を通して
5. ～から～にかけて
6. ～はともかく
7. ～ためには

話す・聞く

8. 決して～ない

제 20 과 ······ 132

読む・書く

1. ～のもとで
2. そう
3. …ぞ。
4. …と同時に
5. ～しかない
6. ～の末
7. ～て以来
8. …くらい

話す・聞く
9. ～をこめて
10. ～ば～だけ
11. ～たとたん（に）
12. ～からといって

제 21 과 137

読む・書く
1. ～もせずに
2. ～といえども
3. よほど～でも
4. いかに～か
5. …とか。
6. ～に言わせれば

話す・聞く
7. ～に基づいて
8. ～と言える
9. 一方（で）
10. ～に限（かぎ）らず

제 22 과 141

読む・書く
1. ～次第（しだい）だ
2. ～をもって…とする
3. ～においては
4. ～うる
5. …のであろう
6. ～と思われる

話す・聞く
7. ～としても
8. ～（よ）うにも…ない
9. ～わりに
10. ～べきだ
11. ～というより

第 23 과 ………… 147

読む・書く

1. ～に及(およ)ぶ
2. …可能性(かのうせい)がある
3. この～
4. ～上(うえ)で
5. ～につれて

話す・聞く

6. ～ことに
7. ～恐(おそ)れのある／がある
8. ～までもない
9. ～がきっかけで・～をきっかけに
10. ～をはじめ

第 24 과 ………… 152

読む・書く

1. ～ざる～
2. ～から～に至(いた)るまで
3. ～きる
4. ～ならぬ～
5. ～さえ～ば
6. ～として～ない
7. ～以上（は）
8. ～ないかぎり
9. ～わけにはいかない／ゆかない
10. ～あまり（に）

학습항목 ………… 156

제 3 부　문법플러스알파 ………… 163

제 1 부

신출어휘

제 13 과

13

読む・書く

株式会社	かぶしきがいしゃ	주식회사
随筆	ずいひつ	수필
経過[する]	けいか[する]	경과[하다]
変化[する]	へんか[する]	변화[하다]
心情	しんじょう	심정
勘違い[する]	かんちがい[する]	착각[하다]
日常[的]	にちじょう[てき]	일상[적]
社交	しゃこう	사교
雑談[する]	ざつだん[する]	잡담[하다]
入園料	にゅうえんりょう	입장료
大人	おとな	성인, 어른
小人	しょうにん	소인, 어린이
そのうち		머지않아
注目[する]	ちゅうもく[する]	주목[하다]
語	ご	말, 언어
思考[する]	しこう[する]	사고[하다]
問い	とい	물음
全文	ぜんぶん	전문
のみこむ		삼키다, 이해하다
佃煮	つくだに	간장 조림
以後	いご	이후
以降	いこう	이후
以来	いらい	이래
一体	いったい	대체, 도대체
四字熟語	よじじゅくご	사자숙어, 사자성어
熟語	じゅくご	숙어
適度[な]	てきど[な]	적절[한]
いや		아니
いな		아니

適切[な]	てきせつ[な]	적절[한]
一進一退	いっしんいったい	일진일퇴
試行錯誤	しこうさくご	시행착오
月日	つきひ	세월
要する	ようする	필요로하다, 요하다
ただ		단, 단지
浮かぶ	うかぶ	떠오르다
月極 / 月決め	つきぎめ	월정, 한 달 얼마로 정함
来日[する]	らいにち[する]	방일[하다], 일본을 방문하다
詰める	つめる	채우다
街	まち	거리
看板	かんばん	간판
解読[する]	かいどく[する]	해독[하다]
出くわす	でくわす	만나다, 맞닥뜨리다
パーキング		파킹, 주차
頭[〜に付く]	あたま[〜につく]	머리[〜에 박히다], 각인되다, 뇌리에 새겨지다
和英辞典	わえいじてん	일영사전
辞典	じてん	사전
ひょっとして		어쩌면, 혹시
オーナー		오너, 주인
苗字	みょうじ	성, 성씨
あるいは		혹은, 또는
ムーン		moon, 달
エンド		end, 끝
ネーミング		naming, 명명, 이름을 붙임
なんとなく		왠지 모르게, 아무 생각 없이
頭に入れる	あたまにいれる	머리에 집어넣다, 이해하다, 기억하다
見慣れる	みなれる	익숙하다
範囲	はんい	범위
広がる	ひろがる	넓어지다
横断[する]	おうだん[する]	횡단[하다]
どうやら		아무래도
市場[駐車場〜]	しじょう[ちゅうしゃじょう〜]	시장[주차장 〜]

独占[する]	どくせん[する]	독점[하다]
一部上場	いちぶじょうじょう	도쿄증권거래소 1부 상장
上場[する]	じょうじょう[する]	상장[하다]
思い込む	おもいこむ	믿어버리다, 꼭 (그렇다고) 믿다
突っ走る	つっぱしる	냅다 달리다, 질주하다
在日	ざいにち	재일, 일본에 거주함
とりあえず		일단, 우선
観光物産館	かんこうぶっさんかん	관광물산관 (관광과 지역상품의 판매 촉진을 목적으로 전시한 홀)
観光	かんこう	관광
目に入る	めにはいる	눈에 들어오다
国語辞典	こくごじてん	국어사전 (여기서는 일어사전)
忍ばせる	しのばせる	숨기다
～ごと[月～]	[つき～]	~ 마다[달 / 월 ~]
契約[する]	けいやく[する]	계약[하다]
定義[する]	ていぎ[する]	정의[하다]
慣用	かんよう	관용
一瞬	いっしゅん	일순, 순간
パッと		확
たとえ		예
読み違える	よみちがえる	잘못 읽다
日々	ひび	나날
書き入れる	かきいれる	써넣다, 기입하다
かまわない		상관없다
書き留める	かきとめる	기록하다, 적어두다
五月蝿い	うるさい	시끄럽다
時雨	しぐれ	늦가을에거 초겨울에 오는 비
向日葵	ひまわり	해바라기
流れ[文章の～]	ながれ[ぶんしょうの～]	흐름[문장의 ~]

話す・聞く

ことわざ		속담

取り違える	とりちがえる	잘못 알다, 잘못 이해하다
情けは人のためならず	なさけはひとのためならず	인정을 베풀면 반드시 내게 돌아온다는 속담
お好み焼き	おこのみやき	오코노미야키(밀가루 반죽에 고기와 야채 등을 넣고 철판에서 부친 요리)
話題	わだい	화제
戻す	もどす	되돌리다
思い違い	おもいちがい	착각, 오해
自分自身	じぶんじしん	자기자신
わいわい		왁자지껄
ホームパーティー		홈파티
ぴったり		딱 들어맞는 모양
どうにか		어떻게
直訳[する]	ちょくやく[する]	직역[하다]
災い	わざわい	재앙, 재난
遠ざける	とおざける	멀리하다
門	かど	문
福	ふく	복
結構[〜多い]	けっこう[〜おおい]	꽤[~ 많다]
辛党	からとう	애주가, 술꾼
甘党	あまとう	술을 못하고 단 것을 좋아하는 사람
知ったかぶり	しったかぶり	(모르면서도) 아는 체함
一時	いっとき	일시, 한 때, 순간
恥	はじ	창피, 수치
関連[する]	かんれん[する]	관련[하다]
広げる[話を〜]	ひろげる[はなしを〜]	넓히다[이야기를 ~]
ベストセラー		베스트셀러
コンパ		친목회, 모임, 대학생 미팅
共感[する]	きょうかん[する]	공감[하다]
逆さま[な]	さかさま[な]	거꾸로[한]
言い換える	いいかえる	바꿔 말하다
知り合い	しりあい	지인, 아는 사람

石の上にも三年	いしのうえにもさんねん	돌 위에도 3년(아무리 힘들어도 참고 견디면 복이 온다는 속담)
住めば都	すめばみやこ	정들면 고향
都	みやこ	도시
住み慣れる	すみなれる	오래 살아 정들다
猿も木から落ちる	さるもきからおちる	원숭이도 나무에서 떨어진다(그 분야에서 뛰어난 사람도 때로는 실패할 수도 있음의 비유)
木登り	きのぼり	나무타기
～など		～등

文法・練習

しぼる		짜다
入社[する]	にゅうしゃ[する]	입사[하다]
口に出す	くちにだす	입밖에 내다, 말하다
我慢[する]	がまん[する]	참음, 자제[하다]
我慢強い	がまんづよい	참을성이 강하다
掃除機	そうじき	청소기
ため息	ためいき	한숨
あふれる		넘치다
たまる[ごみが～]		쌓이다[쓰레기가 ～]
受験生	じゅけんせい	수험생
都心	としん	도심
双子	ふたご	쌍둥이
世界的[な]	せかいてき[な]	세계적[인]
スター		스타, 인기인
シーズン		시즌, 시기
約～	やく～	약 ～, 대략 ～
割	わり	할(비율의 단위), 십분의 일
休暇	きゅうか	휴가
いとこ		사촌
同士[いとこ～]	どうし	끼리[사촌 ～]
ルーズ[な]		루스, 칠칠치 못함, 헐렁함[～한]

売上げ	うりあげ	매출, 매상
落ちる[売上げが〜]	おちる[うりあげが〜]	떨어지다[매출이 ~]
工学部	こうがくぶ	공학부
入り直す	はいりなおす	다시 들어가다
関係[音楽〜]	かんけい[おんがく〜]	관계[음악 ~]
ポテトチップス		포테이토 칩, 감자칩
インスタント食品	インスタントしょくひん	인스턴트 식품
インスタント		인스턴트
食品	しょくひん	식품
あきる		질리다

問題

高みの見物	たかみのけんぶつ	높은 곳에서 구경함, 방관함, 강건너 불 구경
気が置けない	きがおけない	마음 쓰이지 않는다, 허물없다, 스스럼없다
大家	おおや	집주인
言い訳[する]	いいわけ[する]	변명[하다]
手土産	てみやげ	(방문할 때) 들고 가는 간단한 선물
あったま、きちゃったな。		열받는다, 화가 치민다.
〜奴[いい〜]	〜やつ	녀석[좋은 ~]
気にかける	きにかける	마음에 두다, 걱정하다
気を使う	きをつかう	신경쓰다
信用[する]	しんよう[する]	신용[하다]
付き合う	つきあう	어울리다, 사귀다
数え切れない	かぞえきれない	셀 수 없다
シミュレーション		시뮬레이션
発言[する]	はつげん[する]	발언[하다]
目にする	めにする	실제로 보다
指摘[する]	してき[する]	지적[하다]
傷つく	きずつく	상처입다
不〜[〜愉快]	ふ〜[〜ゆかい]	불 ~[~ 유쾌]
ふり		모습, 꼴, 체
〜心[親切〜]	〜しん[しんせつ〜]	~ 심[친절 ~], 친절한 마음
〜性[人間〜]	〜せい[にんげん〜]	~ 성[인간 ~]

目下	めした	아랫사람, 손아래
なおさら		더욱 (더)
外部	がいぶ	외부
クレーム		클레임, 불만
何気ない	なにげない	아무렇지 않다, 무심하다
受け止める	うけとめる	받아내다, 받아들이다
案ずるより産むがやすし	あんずるよりうむがやすし	아이 낳기를 걱정하는 것보다 실제로 낳는 것이 쉽다, 일이란 막상 해 보면 생각보다 쉽다는 속담
反応[する]	はんのう[する]	반응[하다]
伝わる	つたわる	전하다
実行[する]	じっこう[する]	실행[하다]
かかる[費用が〜]	[ひようが〜]	들다[비용이 〜]

〜で思い出したんだけど、……。　〜라고 해서 생각난 건데…. /〜라니 생각난 건데….

ところで、〜ことだけど、…んだって？　그런데, 〜 말인데, …다(/라)면서?

이야기를 전개한다

確(たし)かに…ことってよくあるよね。　맞아, …는 일 자주(/종종) 있지.

상대에게 공감한다

つまり、…ってことです。　즉, …다(/라)는 것입니다.

다른 말로 바꿔서 말한다

池袋(いけぶくろ)	도쿄도 도시마구의 지명. JR과 민영철도, 지하철의 터미널로서 도쿄에서도 손에 꼽는 번화가.
練馬(ねりま)	도쿄도 23구의 하나로, 도쿄의 북서 끝에 위치한다.
上野(うえの)	도쿄도 다이토구의 서부에 있는 번화가, 행락지.
月島(つきしま)	도쿄도 주오구의 연안부. 도쿄 만의 토사로 만들어진 매립지.

青森（あおもり） 도호쿠 지방 북부, 혼슈 최북단의 현.

アーサー・ビナード 시인・하이쿠 작가・수필가로서 일본에서 집필 활동을 하고 있다. 미국인. 1967-.

大分県（おおいたけん） 큐슈 지방 북동부의 현.

제 14 과

読む・書く

テレビアニメ		텔레비전 애니메이션
受ける[アニメが〜]	うける	인기있다[애니메이션이 ~]
解説文	かいせつぶん	해설문
解説[する]	かいせつ[する]	해설[하다]
物事	ものごと	사물 (일과 물건), 매사
謎	なぞ	수수께끼
美女	びじょ	미녀
旅	たび	여행
ストーリーテリング		스토리텔링
促す	うながす	재촉하다, 촉구하다
感想	かんそう	감상, 소감
アニメーション		애니메이션
放映[する]	ほうえい[する]	방영[하다]
シリーズ		시리즈
代[1960 年〜]	だい[1960 ねん〜]	대[1960 년 ~]
番組	ばんぐみ	(방송 등의) 프로그램
編成[する]	へんせい[する]	편성[하다]
〜際	〜さい	~ 때, ~ 시
穴埋め	あなうめ	구멍을 메움(때움), 결손을 보충함
年月	ねんげつ	연월, 세월
経る	へる	지나가다, 경과하다
存在[する]	そんざい[する]	존재[하다]
無視[する]	むし[する]	무시[하다]
語る	かたる	말하다, 이야기하다
作品	さくひん	작품
原作	げんさく	원작
支える	ささえる	지지하다, 뒷받침하다
マンガ家	マンガか	만화가
層	そう	층

厚さ	あつさ	두꺼움 , 두터움
発売[する]	はつばい[する]	발매 , 출시 [하다]
週刊誌	しゅうかんし	주간지
月刊誌	げっかんし	월간지
～誌	～し	～ 지
種類	しゅるい	종류
単行本	たんこうぼん	단행본
新作	しんさく	신작
～部[数千万～]	～ぶ[すうせんまん～]	～ 부 [수 천만 ～]
ヒット作品	ヒットさくひん	히트작품 , 히트작
ヒット[する]		히트 [하다]
エンターテイメント		엔터테이먼트
プロ		프로
～ごとく		～ 처럼
巨大	きょだい	거대
競争原理	きょうそうげんり	경쟁원리
原理	げんり	원리
水準	すいじゅん	수준
生み出す	うみだす	낳다 , 산출하다
～のみ		～ 뿐 , 만
～さ(おもしろ～)		～ 함 , ～ 임 , ～ 기 (재미 (흥미))
保証[する]	ほしょう[する]	보증 [하다]
過剰[な]	かじょう[な]	과잉 , 과다 , 과도 [한]
ピッチャー		피처 , 투수
シーン		신 , 장면 , 광경
秒	びょう	초
満つ	みつ	차다
動作	どうさ	동작
主人公	しゅじんこう	주인공
光景	こうけい	광경
描く	えがく	그리다
毎回	まいかい	매회
直前	ちょくぜん	직전
起こる	おこる	일어나다 , 발생하다

次週	じしゅう	차주, 다음주
期待[する]	きたい[する]	기대[하다]
テクニック		테크닉
手法	しゅほう	수법
作り上げる	つくりあげる	만들어 내다, 완성시키다
ノウハウ		노하우
夢中	むちゅう	열중, 몰두
蓄積[する]	ちくせき[する]	축적[하다]
亜流	ありゅう	아류
トップブランド		톱브랜드
別冊	べっさつ	별책
激しい	はげしい	격심하다, 치열하다
大げさ[な]	おおげさ[な]	과장[된], 거창[한]
～程度	～ていど	～정도
取り上げる	とりあげる	집어 들다, 문제 삼다, 다루다
状況	じょうきょう	상황
具体例	ぐたいれい	구체적인 예

話す・聞く

昔話	むかしばなし	옛날 이야기
話し手	はなして	화자, 말하는 사람
あいづち		맞장구
打つ[あいづちを～]	うつ	치다[맞장구를 ～]
銀河	ぎんが	은하
鉄道	てつどう	철도
触れる[手に～]	ふれる[てに～]	닿다[손에 ～]
永遠	えいえん	영원
ストーリー		스토리
一言	ひとこと	한 마디
結末	けつまつ	결말
コーヒーショップ		커피숍, 커피전문점
ショップ		숍, 상점
映像	えいぞう	영상
神秘的[な]	しんぴてき[な]	신비적[인]

はまる[アニメに〜]		빠지다 [애니메이션에 ~]
宇宙列車	うちゅうれっしゃ	우주열차
列車	れっしゃ	열차
宇宙船	うちゅうせん	우주선
機械化	きかいか	기계화
〜化	〜か	~ 화
取り残す	とりのこす	남겨두다
生身	なまみ	살아있는 몸, 살아 있는 (인간)
彼ら	かれら	그들
差別[する]	さべつ[する]	차별 [하다]
狩猟	しゅりょう	수렵
犠牲	ぎせい	희생
遺言	ゆいごん	유언
出遭う / 出会う	であう	만나다
土星	どせい	토성
食堂車	しょくどうしゃ	식당차
血	ち	피
通う[血が〜]	かよう[ちが〜]	통하다 [피가 ~]
幻覚	げんかく	환각
襲う	おそう	덮치다
身	み	몸
投げ出す[身を〜]	なげだす[みを〜]	던지다 [몸을 ~]
粉々	こなごな	산산조각, 산산이 부서짐
ガラス球	ガラスだま	유리구슬
球	たま	구슬
散る	ちる	흩어지다
美形	びけい	미형, 아름다운 모양
鉱山	こうざん	광산
閉じ込める	とじこめる	가두다
知恵	ちえ	지혜
出しあう	だしあう	서로 내놓다
〜後[何日〜]	〜ご[なんにち〜]	~ 후 [며칠 ~]
ジャングル		정글
兵士	へいし	병사

枠組み	わくぐみ	틀
あらすじ		개요 , 줄거리
場面	ばめん	장면

文法・練習

外出[する]	がいしゅつ[する]	외출[하다]
PC	ピーシー	PC, 컴퓨터
チェックイン[する]		체크인[하다]
使用[する]	しよう[する]	사용[하다]
ちまき		지마키 , 띠나 대나무 잎에 싸서 찐 찹쌀떡
かしわもち		가시와모치 , 떡갈나무 잎에 싼 찰떡
受賞者	じゅしょうしゃ	수상자
出身者	しゅっしんしゃ	출신자
砂漠	さばく	사막
パンダ		판다
交換[する]	こうかん[する]	교환[하다]
冷める	さめる	식다
まずい		맛없다
溶ける	とける	녹다
睡眠	すいみん	수면
欠かす	かかす	빠뜨리다 , 빼다 , 거르다
ただの		단지 , 그저
ギョーザ		교자 , 만두
おふくろ		어머니 (남성이 자신의 어머니를 말할 때 사용한다)
重要[な]	じゅうよう[な]	중요[한]
両方	りょうほう	쌍방 , 양쪽
立場	たちば	입장
建設[する]	けんせつ[する]	건설[하다]
議論[する]	ぎろん[する]	의논[하다]
揺れる	ゆれる	흔들리다
被害	ひがい	피해
関係者	かんけいしゃ	관계자
負けるが勝ち	まけるがかち	지는것이 이기는 것
得[な]	とく[な]	이익 , 이득 , 유리[한]

外食[する]	がいしょく[する]	외식[하다]
ちらし寿司	ちらしずし	지라시즈시(생선・달걀 부침・양념한 야채 등을 얹은 초밥)
ダイレクトメール		다이렉트 메일
宣伝[する]	せんでん[する]	선전[하다]
郵送[する]	ゆうそう[する]	우송[하다]
夕刊	ゆうかん	석간
発行[する]	はっこう[する]	발행[하다]
早起きは三文の得	はやおきはさんもんのとく	일찍 일어나면(부지런하면) 무언가 이익을 얻는다는 속담
早起き	はやおき	일찍 일어남
自然エネルギー	しぜんエネルギー	자연 에너지
地域社会	ちいきしゃかい	지역사회
分析[する]	ぶんせき[する]	분석[하다]
部署	ぶしょ	부서
活動[する]	かつどう[する]	활동[하다]
ボランティア活動	ボランティアかつどう	자원봉사활동
改善[する]	かいぜん[する]	개선[하다]
対策	たいさく	대책
ヨガ		요가
ジャズダンス		재즈댄스
マッサージ		마사지
スポーツジム		스포츠 센터
～余り[260年～]	～あまり[260ねん～]	～여, 남짓[260년 ～]
NGO	エヌジーオー	엔지오, 비정부기구
グローバル[な]		글로벌[한]
夏日	なつび	더운 여름 날(하루의 최고 기온이 25도를 넘는 날을 말함)
回復[する]	かいふく[する]	회복[하다]
住民	じゅうみん	주민
インストール[する]		인스톨[하다]
生産	せいさん	생산
野球大会	やきゅうたいかい	야구대회
悔しい	くやしい	분하다, 억울하다
後ろ姿	うしろすがた	뒷 모습

問題

女優	じょゆう	여배우
演劇	えんげき	연극
～部[演劇～]	～ぶ[えんげき～]	부, 동아리, 서클[연극 ～]
成長[する]	せいちょう[する]	성장[하다]
役	やく	역, 역할
最中	さいちゅう	한창(인 때)
非常ベル	ひじょうベル	비상벨
実は	じつは	실은, 사실은
活気	かっき	활기
風景	ふうけい	풍경
生き生き[する]	いきいき[する]	생기[있다]
実写[する]	じっしゃ[する]	실사[하다]
通り過ぎる	とおりすぎる	지나가다, 통과하다
カップラーメン		컵라면
温泉旅館	おんせんりょかん	온천여관
旅館	りょかん	여관
オリジナリティー		독창성, 독자성
キャラクター		캐릭터

主人公(しゅじんこう)は～と(って)いう～。　주인공은 ～라고 하는 ～.

～っていう話。　～라(고 하)는 이야기.

스토리를 간추려 이야기할 때의 마무리 표현

…という(って)話、知ってる？　…라(고 하)는 이야기, 알아?

で、どうなったの？ 結局(けっきょく)。　그래서, 어떻게 됐어? 결국.

이야기를 계속해서 재촉한다

『ドラゴンボール』　일본의 모험 소년 만화・애니메이션 작품. 전 세계에서 번역・방영되고 있다.

ディズニー　월트 디즈니(W. Disney)이 창설한 미국 영화사.

『銀河鉄道(ぎんがてつどう)９９９(スリーナイン)』　일본의 SF 만화・텔레비전 애니메이션・애니메이션 영화 작품.

星野鉄郎	『은하 철도 999』의 주인공.
クレア	『은하 철도 999』에 등장하는 여성.
アンドロメダ	안드로메다 은하.
光源氏	『겐지 모노가타리』의 주인공.
『ワンピース(ONE PIECE)』	일본의 만화・애니메이션・영화. 일본은 물론 전 세계에서도 히트친 작품.
チリ	칠레.
『浦島太郎』	일본 옛날 이야기의 하나.
ルーマニア	루마니아.
東ヨーロッパ	동유럽.
湯川秀樹	이론 물리학자. 1949 년 일본인 최초로 노벨 물리학상을 수상. 1907-1981.
利根川進	생물학자. 1987 년 노벨 생리학・의학상을 수상. 1939-.
京都大学	교토대학.
『奇跡の人』	삼중고를 극복한 헬렌 켈러와 가정교사 앤 설리번을 그린 희곡.
『ガラスの仮面』	일본의 순정 만화.
ヘレン・ケラー	미국의 교육가・사회 복지 사업가. 1880-1968.
宮崎駿	애니메이션 작가, 영화 감독, 만화가. 1941-.
『ルパン三世 カリオストロの城』	애니메이션 『루팡 3 세』의 극영화 작품의 하나.
『崖の上のポニョ』	장편 애니메이션 영화. 스튜디오 지브리 (미야자키 하야오) 작품.
『魔女の宅急便』	장편 애니메이션 영화. 스튜디오 지브리 (미야자키 하야오) 작품.
『千と千尋の神隠し』	장편 애니메이션 영화. 스튜디오 지브리 (미야자키 하야오) 작품.

제 15 과

読む・書く

説明文	せつめいぶん	설명문
右に出る	みぎにでる	우위에 서다, 능가하다
切り上げる	きりあげる	일단락 짓다
謙遜[する]	けんそん[する]	겸손[하다]
そこで		거기서
行列	ぎょうれつ	행렬
横目	よこめ	곁눈
動き回る	うごきまわる	여기저기 돌아다니다
一見	いっけん	얼핏(보기에)
行き来[する]	ゆきき[する]	왔다갔다[하다]
担ぐ	かつぐ	메다, 짊어지다
割合	わりあい	비율
構成[する]	こうせい[する]	구성[하다]
新た[な]	あらた[な]	새로운
組織[する]	そしき[する]	조직[하다]
集団	しゅうだん	집단
経つ[時間が〜]	たつ[じかんが〜]	지나다, 경과하다[시간이 ~]
比率	ひりつ	비율
分担[する]	ぶんたん[する]	분담[하다]
さすがに		역시, 과연
能率	のうりつ	능률
落ちる[能率が〜]	おちる[のうりつが〜]	떨어지다[능률이 ~]
登場[する]	とうじょう[する]	등장[하다]
ご存じ	ごぞんじ	알고 계심
人材	じんざい	인재
スタート[する]		스타트, 시작[하다]
特命	とくめい	특명
プロジェクト		프로젝트
スタープレイヤー		인기선수

プレイヤー		플레이어, 선수
チーム		팀
からむ		연관되다, 관련되다, 얽히다
法則	ほうそく	법칙
当たる[法則が~]	あたる[ほうそくが~]	(들어)맞다[법칙이 ~]
脇役	わきやく	조연, 보좌(역)
脚本	きゃくほん	각본
偉大[なる~]	いだい[なる~]	위대한
脈拍	みゃくはく	맥박
上がる[脈拍が~]	あがる[みゃくはくが~]	올라가다[맥박이 ~]
アドレナリン		아드레날린
徐々に	じょじょに	서서히
疲弊[する]	ひへい[する]	피폐[하다]
理想的[な]	りそうてき[な]	이상적[인]
現象	げんしょう	현상
参考資料	さんこうしりょう	참고자료

話す・聞く

プライベート[な]		사적, 개인적[인]
示す[興味を~]	しめす[きょうみを~]	보이다[흥미를 ~]
老舗	しにせ	노포, 대대로 이어 온 전통이 있는 오래된 점포
優れる	すぐれる	뛰어나다
営業マン	えいぎょうマン	영업맨, 영업 사원
太鼓	たいこ	북
腕[太鼓の~]	うで[たいこの~]	실력, 기술[북의 ~]
地元	じもと	고장, 지방
取引先	とりひきさき	거래처
絨毯	じゅうたん	융단
出張所	しゅっちょうじょ	출장소
所長	しょちょう	소장
社名	しゃめい	사명, 회사의 이름
名	な	이름
織物	おりもの	직물
モダン[な]		모던[한], 현대적인

市場開拓	しじょうかいたく	시장개척
開拓[する]	かいたく[する]	개척 [하다]
きっての		~에서 으뜸 (제일) 가는
何しろ	なにしろ	어쨌든 , 여하튼 , 아무튼
知識	ちしき	지식
成果	せいか	성과
あげる[成果を~]	[せいかを~]	올리다 [성과를 ~]
実	み	열매 , 결실
結ぶ[実を~]	むすぶ[みを~]	맺다 [열매를 ~, 결실을 ~]
魅する	みする	혹하게 (반하게) 만들다 , 매혹하다
磨く[腕を~]	みがく[うでを~]	닦다 [실력을 ~]
~好き[太鼓~]	~ずき[たいこ~]	좋아함 [북 ~]
得意[な]	とくい[な]	잘하는 , 자신 있는
顔負け	かおまけ	무색하다 , 빰치다
リズム		리듬
~感[リズム~]	~かん	~감 [리듬 ~]
甘える[お言葉に~]	あまえる[おことばに~]	호의를 받아들이다 [말씀에 ~], 말씀을 고맙게 받아들여
メンバー		멤버 , 구성원
リーダー		리더 , 지도자
踊り	おどり	춤
ブレイクダンス		브레이크 댄스
才能	さいのう	재능
シェフ		셰프 , 주방장
好意	こうい	호의
ホームカミングデイ		홈 커밍 데이
代々	だいだい	대대
実行委員	じっこういいん	실행위원
進行[する]	しんこう[する]	진행 [하다]
部下	ぶか	부하
後輩	こうはい	후배

文法・練習

LED 電球	エルイーディーでんきゅう	LED 전구
電球	でんきゅう	전구

寿命	じゅみょう	수명
用いる	もちいる	쓰다, 이용하다
お嬢さん	おじょうさん	아가씨
転職[する]	てんしょく[する]	전직, 이직[하다]
環境問題	かんきょうもんだい	환경문제
経営[する]	けいえい[する]	경영[하다]
すべて		모든
各国	かっこく	각국
地球温暖化	ちきゅうおんだんか	지구온난화
温暖化	おんだんか	온난화
家族関係	かぞくかんけい	가족관계
論文	ろんぶん	논문
題名	だいめい	제목
ベジタリアン		채식주의자
選挙[する]	せんきょ[する]	선거[하다]
出る[選挙に〜]	でる[せんきょに〜]	나가다[선거에 ~]
混乱[する]	こんらん[する]	혼란[하다]
調整[する]	ちょうせい[する]	조정[하다]
当番	とうばん	당번
交代[する]	こうたい[する]	교대[하다]
ピアニスト		피아니스트
楽器	がっき	악기
一家[音楽〜]	いっか[おんがく〜]	일가[음악 ~]
秘密	ひみつ	비밀
帰国生徒	きこくせいと	귀국학생, 귀국자녀
器用[な]	きよう[な]	재주가 있음[는], 요령 좋음[은]
かく[汗を〜]	[あせを〜]	흘리다[땀을 ~]
注文[する]	ちゅうもん[する]	주문[하다]
マナー		매너
国民栄誉賞	こくみんえいよしょう	국민영예상
栄誉	えいよ	영예
信頼[する]	しんらい[する]	신뢰[하다]
思い浮かべる	おもいうかべる	떠올리다

中年	ちゅうねん	중년
提供[する]	ていきょう[する]	제공[하다]
展開[する]	てんかい[する]	전개[하다]
走り回る	はしりまわる	뛰어[돌아]다니다

問題

こうして		이리하여
あっという間	あっというま	눈 깜짝할 사이, 순식간
支社	ししゃ	지사
しみじみ		마음속에 깊이 느끼는 모양, 절실히
でかい		크다
つながり[人と人との～]	[ひととひととの～]	연계, 유대[사람과 사람과의]
金儲け	かねもうけ	돈벌이
緊急	きんきゅう	긴급
共生[する]	きょうせい[する]	공생[하다]
耳にする	みみにする	듣다[소문 등을 ~]
共に	ともに	함께
利益	りえき	이익
分かち合う	わかちあう	나누어 가지다
ヤドカリ		소라게
イソギンチャク		말미잘
用語	ようご	용어
社会科学	しゃかいかがく	사회과학
分野	ぶんや	분야
込める[意味を～]	こめる[いみを～]	담다[의미를 ~]
乗り越える	のりこえる	넘다, 극복하다
怠け者	なまけもの	게으름뱅이
真面目[な]	まじめ[な]	성실[한]
ナマケモノ		(동물) 나무늘보
ぶら下がる	ぶらさがる	매달리다
移動[する]	いどう[する]	이동[하다]
エネルギー		에너지
ちょうど		딱, 마침

賢い　かしこい　현명하다

～さんの右に出る人はいない。　～씨를 능가할 사람은 없다.

そんな大(たい)したものじゃありません。　그리 대단한 건 아닙니다/별것 아닙니다.

칭찬을 받고 겸손해 한다

いえ、それほどでも。　아뇨, 그정도는 (아닙니다). / 아뇨, 그렇게 대단한 것은 (아닙니다).

칭찬을 받고 겸손해 한다(당신이 말씀하시는 만큼 ～는 아니다)라는 뉘앙스

ただ、自分で言うのもなんですが、……。　그런데, 제 입으로 말씀드리긴 뭐하지만요…. / 근데, 내 입으로 말하긴 뭐하지만요….

자신의 사소한 자랑을 시작할 때의 서두

お言葉(ことば)に甘(あま)えて、……。　말씀을 고맙게 받아들여…. / 호의를 받아들여….

호의를 받아들일 때 서두로 사용한다

「水戸黄門(みとこうもん)」　미토 번주(지방의 영주)인 도쿠가와 미쓰쿠니가 사회 개혁을 위해 제국(여러 지역)을 돌아다녔다는 이야기.

助(すけ)さん、格(かく)さん　미토 미쓰쿠니 유람 시 함께 따랐던 수행자.

うっかり八兵衛(はちべえ)　「미토코몬」에 등장하는 조연 중 한 사람.

『ハリー・ポッター』　영국 작가 J.K. 롤링의 아동 문학・판타지 소설로서 영화로도 만들어졌다.

ロン　해리의 친구.

ハーマイオニー　해리의 친구.

ネビル・ロングボトム　해리와 론의 룸메이트.

トルコ　터키.

イスタンブール　이스탄불.

新潟(にいがた)　혼슈 중부 지방 북동부, 일본해에 접한 현.

佐渡(さど)　니가타현 사도가시마.

鬼太鼓(おんでこ)	사도에 전해지는 북. 악마를 몰아내고 장사의 번창, 오곡 풍양을 바라며 신사의 제례에 봉납된다.
佐渡(さど)おけさ	사도의 민요.
マイケル・ジャクソン	미국의 팝 가수. 1958-2009.
欧米(おうべい)	구미, 유럽과 미국.
徳島(とくしま)	시코쿠 지방 동부의 현.
阿波踊(あわおど)り	도쿠시마의 봉오도리.
サンバ	브라질의 민족 무곡.

제 16 과

読む・書く

個人情報	こじんじょうほう	개인정보
流出[する]	りゅうしゅつ[する]	유출[되다]
新聞記事	しんぶんきじ	신문기사
社会面	しゃかいめん	사회면
概要	がいよう	개요
すばやい		재빠르다
事実[～関係]	じじつ[～かんけい]	사실[～ 관계]
不幸[な]	ふこう[な]	불행[한]
幸い	さいわい	다행, 다행히
苦い[～体験]	にがい[～たいけん]	씁쓸한, 쓰라린[～ 체험]
慰める	なぐさめる	위로하다
～づける[元気～]	[げんき～]	～ 북돋우다[기운을 ～]
カード[会員～]	[かいいん～]	카드[회원 ～]
漏れる	もれる	새다, 누설되다
通信[する]	つうしん[する]	통신[하다]
販売[する]	はんばい[する]	판매[하다]
同社	どうしゃ	동사, 그 회사
加入[する]	かにゅう[する]	가입[하다]
可能性	かのうせい	가능성
実態	じったい	실태
氏名	しめい	성명
預金[～口座]	よきん[～こうざ]	예금[～ 계좌]
口座	こうざ	계좌
職業	しょくぎょう	직업
生年月日	せいねんがっぴ	생년월일
項目	こうもく	항목
及ぶ	およぶ	이르다, 달하다
上旬	じょうじゅん	상순, 초순
覚え[身に～がない]	おぼえ[みに～がない]	기억[자신이 ～한 기억이 없다]

未払い[金]	みはらい[きん]	미불, 미지급[금]
請求書	せいきゅうしょ	청구서
請求[する]	せいきゅう[する]	청구[하다]
判明[する]	はんめい[する]	판명[하다]
同様[な]	どうよう[な]	같음, 마찬가지인, 유사한
～件	～けん	～건
寄せる	よせる	밀려오다
既に	すでに	이미
応じる	おうじる	응하다
支払い	しはらい	지불, 지급
情報管理	じょうほうかんり	정보관리
管理[する]	かんり[する]	관리[하다]
事態	じたい	사태
遺憾	いかん	유감
コンピューターシステム		컴퓨터 시스템
システム		시스템
トラブル		트러블, 문제
内部	ないぶ	내부
ないし		내지
引き出す	ひきだす	꺼내다
流失	りゅうしつ	유출
面[システム～]	めん	～면[시스템 ～]
進める[調査を～]	すすめる[ちょうさを～]	진행하다[조사를 ～]
求める	もとめる	구하다, 추구하다
おわび		사죄
書面	しょめん	서면
更新[する]	こうしん[する]	갱신[하다]
早急[な]	さっきゅう[な]	조속[한]
講ずる	こうずる	강구하다
被害者	ひがいしゃ	피해자
有料[～サイト]	ゆうりょう	유료[～사이트]
サイト		사이트
受け取る	うけとる	수취하다, 받다
請求金額	せいきゅうきんがく	청구금액
指定[する]	してい[する]	지정[하다]

振り込む	ふりこむ	불입하다[예금 계좌 등에 돈을 ~]
だます		속이다
不審[に]	ふしん[に]	의심스러운, 미심쩍은, 수상한
懸命[な]	けんめい[な]	힘껏 함, 결사적, 필사적[인]
何者	なにもの	어떤 사람, 누구, 어떤 자
犯行	はんこう	범행
知人	ちじん	지인
日付	ひづけ	일자, 날짜
タウンニュース		지역 뉴스
要素	ようそ	요소
原稿	げんこう	원고
見出し	みだし	표제

16

話す・聞く

滑らす	すべらす	미끄러지게 하다, 미끄러뜨리다
捻挫[する]	ねんざ[する]	염좌, 관절을 삠, 삐다
後悔[する]	こうかい[する]	후회[하다]
落ち込む	おちこむ	빠지다, 풀 죽다, 침울해지다
転倒[する]	てんとう[する]	전도[하다], 넘어지다
言い表す	いいあらわす	말로 나타내다, 표현하다
励ます	はげます	격려하다
ハンドル		핸들
切り損ねる	きりそこねる	(핸들을) 꺾는 데 실패하다, 꺾을 기회를 놓쳤다
ひっくり返る	ひっくりかえる	뒤집히다
人身事故	じんしんじこ	인사사고
起こす[事故を~]	おこす[じこを~]	일으키다[사고를 ~]
危うく	あやうく	가까스로, 겨우
左折[する]	させつ[する]	좌회전[하다]
飛び出す	とびだす	뛰어(튀어) 나오다
切る[ハンドルを~]	きる	꺾다[핸들을 ~]
スリップ[する]		미끄러짐[지다]
ひざ		무릎
ライト		라이트, 불빛
カバー		커버
はねる[人を~]	[ひとを~]	치다, 들이받다 [사람을 ~]

頭[が]痛い	あたま[が]いたい	머리가 아프다
くよくよ[する]		끙끙[대다, 거리다, 앓다]
おごる		한턱내다
締切[日]	しめきり[び]	마감[일]
よそ見	よそみ	한눈 팖, 곁눈질
右手	みぎて	오른 손
離す[目を～]	はなす[めを～]	떼다[눈을 ~]
誤る	あやまる	잘못하다, 실수하다
入力[する]	にゅうりょく[する]	입력[하다]
プリントアウト[する]		프린트 아웃, 인쇄[하다]
俺	おれ	나, 내 (남자가 동료, 아랫사람에게 쓰는 1 인칭)
バカ		바보
やり直し	やりなおし	다시 고쳐 하기
油	あぶら	기름
ひっくり返す	ひっくりかえす	뒤집다, 뒤엎다
マット		매트
べとべと		끈적끈적, 끈적거리는 모양
つく[火が～]	[ひが～]	붙다[불이 ~]
見方	みかた	보는 방법, 견해, 관점
骨折[する]	こっせつ[する]	골절[되다], 부러지다
うまくいく		잘 되다
まいる		질리다
まいったなあ		난처하네, 질린다
ひどい		심하다

文法・練習

開発[する]	かいはつ[する]	개발[하다]
要求[する]	ようきゅう[する]	요구[하다]
改める	あらためる	고치다, 새롭게 하다
従う	したがう	따르다
急激[な]	きゅうげき[な]	급격[한]
ATM	エーティーエム	ATM, 자동인출기
とどまる		머물다
少子高齢化	しょうしこうれいか	저출산고령화

高齢化	こうれいか	고령화
活力	かつりょく	활력
業界	ぎょうかい	업계
需要	じゅよう	수요
新人	しんじん	신인
挑戦[する]	ちょうせん[する]	도전[하다]
消費税	しょうひぜい	소비세
少子化	しょうしか	저출산
備える	そなえる	준비하다, 대비하다
カリキュラム		커리큘럼, 교육과정
見直す	みなおす	다시 보다, 재검토하다
年末	ねんまつ	연말
時期	じき	시기
予測[する]	よそく[する]	예측[하다]
避難[する]	ひなん[する]	피난[하다]
予算	よさん	예산
突然	とつぜん	돌연, 갑자기
訪問[する]	ほうもん[する]	방문[하다]
歓迎[する]	かんげい[する]	환영[하다]
決勝戦	けっしょうせん	결승전
～戦	～せん	～전
出場[する]	しゅつじょう[する]	[시합 등에]참가, 출전[하다]
上達[する]	じょうたつ[する]	향상, 숙달[되다]
高齢	こうれい	고령
当然	とうぜん	당연
気配	けはい	기색
長期	ちょうき	장기
追う	おう	쫓다
住人	じゅうにん	주민, 거주자
呼びかける	よびかける	호소하다, 당부하다
立ち上げる	たちあげる	시작하다, 시동하다, 구축하다
高速道路	こうそくどうろ	고속도로
無料化	むりょうか	무료화

16

引き下げる	ひきさげる	내리다 , 인하하다
オリンピック		올림픽
出場権	しゅつじょうけん	출장권 , 출전권
～権	～けん	～ 권
手にする	てにする	손에 넣다
身分証明書	みぶんしょうめいしょ	신분증명서 , 신분증
身分	みぶん	신분
証明書	しょうめいしょ	증명서
不要[な]	ふよう[な]	불필요[한]
問い合わせる	といあわせる	문의하다
ネット		인터넷
満席	まんせき	만석
提出[する]	ていしゅつ[する]	제출[하다]
電気料金	でんきりょうきん	전기요금
～料金	～りょうきん	～ 요금
思わず	おもわず	뜻하지 않게 , 무심코
燃え移る	もえうつる	옮겨붙다 , 번지다
左手	ひだりて	왼손
すとんと～		쾅 , 쿵 (떨어지거나 넘어지는 소리)
必死[に]	ひっし[に]	필사[적으로]
ひっぱり上げる	ひっぱりあげる	(잡아)끌어올리다
無事	ぶじ	무사
引き上げる	ひきあげる	끌어올리다
きょとんと～		멍하니
たった		그저 , 단지
占い	うらない	점 , 점술

問題

リストラ[する]		해고[하다]
契約社員	けいやくしゃいん	계약사원
安定[する]	あんてい[する]	안정[되다]
まさか		설마
気分転換	きぶんてんかん	기분전환
チャンス		찬스 , 기회

ウェブサイト		웹사이트
不正使用	ふせいしよう	부정사용
被害額	ひがいがく	피해액
額[被害～]	がく[ひがい～]	액 [피해 ~]
当たり[一人～]	あたり[ひとり～]	당 [1 인 ~]
金銭	きんせん	금전
失う	うしなう	잃다
在住[する]	ざいじゅう[する]	재주, 거주 [하다]
フリーメール		무료 전자 우편
不明[な]	ふめい[な]	불분명한, 불명확한
送信[する]	そうしん[する]	송신 [하다]
創作[する]	そうさく[する]	창작 [하다]
築く	きずく	쌓다, 구축하다
強盗	ごうとう	강도
出国[する]	しゅっこく[する]	출국 [하다]
宛[友人～]	あて[ゆうじん～]	앞 [친구 ~]
帳[アドレス～]	ちょう	장 [주소 ~]
売買[する]	ばいばい[する]	매매 [하다]
大量	たいりょう	대량
捕まる	つかまる	붙잡히다

あーあ。～ばよかった。　아, ~면 좋았을 걸. / 아, ~할 걸 그랬어.

후회하며 말한다

泣(な)きたい気分(きぶん)だよ。　울고 싶은 심정이야.

우울한 (낙심된) 기분을 전한다

くよくよしないで。　끙끙 대지마.

위로의 말

…だけでもよかったじゃない。不幸中の幸(さいわ)いだよ。　…(인 것)만으로 잘 됐잖아. 불행중 다행이야.

불행한 일 중에서 한 가지 행운이 있었던 것을 들어 위로한다

…たと思えば～じゃないですか。　…라고 생각하면 ~지 않습니까.

나쁜 상황도 관점을 바꾸면 좋게 보인다는 것을 표현하며 위로한다

16

ものは考えようですよ。　　世상만사 생각하기 나름이에요.

위로의 말

東南(とうなん)アジア	동남 아시아.
メジャーリーグ	미국・캐나다 구단으로 편성된 북미 프로 야구 리그.
東京(とうきょう)スカイツリー	도쿄도 스미다구에 있는 전파탑으로 2012 년에 도쿄 타워를 대신하여 영업을 개시했다. 높이는 634m 로 세계에서 가장 높다.
ダイアン吉日(きちじつ)	영국인 만담가.
マドリード	마드리드.

제 17 과

読む・書く

暦	こよみ	달력
お兄ちゃん	おにいちゃん	형, 오빠
呼称	こしょう	호칭
スタイル		스타일
太陽暦	たいようれき	태양력
太陰暦	たいいんれき	태음력
太陰太陽暦	たいいんたいようれき	태음태양력
まつわる		얽히다, 관련되다
本来	ほんらい	본래
タコ		문어
八角形	はっかっけい	팔각형
不備	ふび	불비, 미비, 충분히 갖추지 않음
補う	おぎなう	보충하다
呼び名	よびな	통칭, 보통 불리고 있는 이름
ずれる		빗나가다
改暦[する]	かいれき[する]	개력[하다]
新暦	しんれき	양력
旧暦	きゅうれき	음력
別	べつ	별, 별도, 별개
睦月	むつき	음력 정월
如月	きさらぎ	음력 2월
弥生	やよい	음력 3월
木の葉	このは	나뭇잎
転じる	てんじる	바뀌다
葉月	はづき	음력 8월
長月	ながつき	음력 9월
名づける	なづける	이름 짓다
立春	りっしゅん	입춘
初旬	しょじゅん	초순

生じる	しょうじる	생기다, 발생하다
長年	ながねん	긴(오랜) 세월, 여러 해
慣れ親しむ	なれしたしむ	익숙하다
切り替える	きりかえる	새로 바꾸다
体制	たいせい	체제
人心	じんしん	인심, 민심
一新[する]	いっしん[する]	일신[하다], 새롭게 하다
閏年	うるうどし	윤년
抱える[問題を〜]	かかえる[もんだいを〜]	안다[문제를 〜]
会計	かいけい	회계
年度	ねんど	연도
西洋	せいよう	서양
ならう		배우다
一定	いってい	일정
諸〜[〜外国]	しょ〜[〜がいこく]	여러 〜[〜 외국]
実施[する]	じっし[する]	실시[하다]
唐突[な]	とうとつ[な]	돌연, 뜻밖[의]
戸惑う	とまどう	어리둥절해 하다, 망설이다
真の	しんの	진정한
ねらい		노리는 바, 목적, 목표
当時	とうじ	당시
支出[する]	ししゅつ[する]	지출[하다]
占める	しめる	차지하다, 점유하다
人件費	じんけんひ	인건비
費[人件〜]	ひ[じんけん〜]	비[인건 〜]
不足[する]	ふそく[する]	부족[하다]
新制度	しんせいど	신제도, 새로운 제도
導入[する]	どうにゅう[する]	도입[하다]
役人	やくにん	공무원, 관리
補充[する]	ほじゅう[する]	보충[하다]
財政難	ざいせいなん	재정난
財政	ざいせい	재정
難[財政〜]	なん[ざいせい〜]	난[재정 〜]
新政権	しんせいけん	신정권, 새 정권

政権	せいけん	정권
翌日	よくじつ	다음 날
決断[する]	けつだん[する]	결단[하다]
翌年	よくねん	다음 해
計～	けい～	계, 합계 ~
回避[する]	かいひ[する]	회피[하다]
もくろむ		계획하다, 기도하다, 꾀하다
作成[する]	さくせい[する]	작성[하다]
報告[する]	ほうこく[する]	보고[하다]

話す・聞く

歓談[する]	かんだん[する]	환담[하다]
節分	せつぶん	세쓰분, 절분, 입춘 전날
行事	ぎょうじ	행사
リビングルーム		거실
ご無沙汰[する]	ごぶさた[する]	오랫동안 격조함
お久しぶり	おひさしぶり	오랜만
口に合う	くちにあう	입(맛)에 맞다
邪魔[する]	じゃま[する]	실례[하다]
おかまい		손님 접대, 대접
おいで		와라, 이리 와
早いもんだよ。	はやいもんだよ。	빨라. 빠른 것(법)이야.
お面	おめん	탈
まく[豆を～]	[まめを～]	뿌리다[콩을 ~]
追い払う	おいはらう	쫓아버리다, 내쫓다
今どき	いまどき	요즘, 요새 세상
よっぽど／よほど		훨씬, 상당히, 어지간히
四季	しき	사계, 사철, 사계절
折々[四季～]	おりおり[しき～]	그때그때, 마다[계절]
おじさん(子どもに向かっての)	(こどもにむかっての)	아저씨(아이들을 향해)
ユース		유스, 젊음(여기서는 청소년 축구 클럽)

17

抜く[人を〜]	ぬく[ひとを〜]	추월하다, 앞지르다[사람을 ~]
展示品	てんじひん	전시품
親子	おやこ	부모자식
かける[声を〜]	[こえを〜]	걸다[말을 ~]
水族館	すいぞくかん	수족관
〜連れ	〜づれ	~ 동반
母親	ははおや	모친, 어머니
リレー		릴레이
ひな祭り	ひなまつり	히나마쓰리(여자 어린이들의 무병장수와 행복을 빌기 위해 해마다 3월 3일에 치르는 일본의 전통축제)
ひな人形	ひなにんぎょう	히나인형(히나마쓰리 제단에 진열하는 작은 인형들)
身近	みぢか	신변, 자기 주변, 가까운 곳

文法・練習

都道府県	とどうふけん	일본의 행정구역, 도도부현
著者	ちょしゃ	저자
クッキー		쿠키
恋愛[する]	れんあい[する]	연애[하다]
冒険	ぼうけん	모험
好む	このむ	좋아하다, 즐기다
地方	ちほう	지방
特産品	とくさんひん	특산품
玉ねぎ	たまねぎ	양파
じゃがいも		감자
盛ん[な]	さかん[な]	번성, 활발, 왕성[한]
移す	うつす	옮기다
コスト		코스트, 비용
出口調査	でぐちちょうさ	출구조사
生活習慣病	せいかつしゅうかんびょう	생활습관병
おぼれる		빠지다
複数	ふくすう	복수
足跡	あしあと	족적, 발자국
頂上	ちょうじょう	정상
吹雪	ふぶき	눈보라
遭う[吹雪に〜]	あう[ふぶきに〜]	만나다, 맞닥뜨리다[눈보라를 ~]

引き返す	ひきかえす	되돌아가다
予想[する]	よそう[する]	예상[하다]
はるかに		훨씬, 매우, 아득히
イベント		이벤트
納得[する]	なっとく[する]	납득[하다]
方針	ほうしん	방침
新入生	しんにゅうせい	신입생
持つ[子どもを～]	もつ[こどもを～]	가지다[아이를 ~]
ありがたい		고맙다
稼ぐ	かせぐ	벌다
あきれる		질리다, 어처구니 없다
素人	しろうと	비전문가, 아마추어
相当[な]	そうとう[な]	상당[한]
独学[する]	どくがく[する]	독학[하다]
基準	きじゅん	기준
照らす	てらす	비추다, 비추어 보다, 대조하다
新入社員	しんにゅうしゃいん	신입사원
応対[する]	おうたい[する]	응대[하다]
学位	がくい	학위
負けず嫌い	まけずぎらい	지는 것을 싫어함, 오기
しっかり		착실히, 열심히
バイオリン		바이올린
着替える	きがえる	갈아입다

問題

しゃくりあげる		흑흑 흐느끼다
甘えん坊	あまえんぼう	어리광쟁이, 응석꾸러기
鉦	かね	종
ルーツ		루트, 기원, 근원
古代	こだい	고대
王国	おうこく	왕국
天文	てんもん	천문
学者	がくしゃ	학자
観測[する]	かんそく[する]	관측[하다]

水星	すいせい	수성
金星	きんせい	금성
火星	かせい	화성
木星	もくせい	목성
支配[する]	しはい[する]	지배[하다]
特定[する]	とくてい[する]	특정[하다]
割り振る	わりふる	할당하다, 배정하다
並び順	ならびじゅん	정렬 순서
端午の節句	たんごのせっく	단오절
節句	せっく	명절
武者人形	むしゃにんぎょう	무사 모양의 인형
鯉のぼり	こいのぼり	고이노보리(종이나 천으로 만든 잉어 깃발)
鯉	こい	잉어
伝説	でんせつ	전설
流れ[川の～]	ながれ[かわの～]	흐름[강의 ~]
滝	たき	폭포
逆らう	さからう	거스르다
光り輝く	ひかりかがやく	눈부시게 빛나다
竜	りゅう	용
変身[する]	へんしん[する]	변신[하다]
昇る[天に～]	のぼる[てんに～]	올라가다[하늘로 ~]
困難	こんなん	곤란
立ち向かう	たちむかう	감연히 대처하다
生まれる[鯉のぼりが～]	うまれる[こいのぼりが～]	탄생하다, 생기다[고이노보리가 ~]

古代(こだい)ローマ	고대 로마.
明治時代(めいじじだい)	메이지 시대.
ペレ	브라질의 전 축구 선수로 '축구의 왕'으로도 불린다.
『ポケモン』	애니메이션 제목(포켓몬스터).
ハワイ	하와이.
NHK	일본 방송 협회.

天神祭(てんじんまつり)	특히 오사카의 덴마 텐진 마쓰리(축제)가 유명하며, 일본 3대 축제 중 하나.
バビロニア	바빌로니아.

17

제 18 과

読む・書く

鉛筆削り	えんぴつけずり	연필깎이
幸運	こううん	행운
登場人物	とうじょうじんぶつ	등장인물
内[心の～]	うち[こころの～]	속[마음 ~], 내심
解釈[する]	かいしゃく[する]	해석[하다]
山[本の～]	やま[ほんの～]	더미[책 ~]
言い返す	いいかえす	말대답하다, 말을 되받다
修復[する]	しゅうふく[する]	수복, 복구, 회복[하다]
おそらく		아마
薄汚い	うすぎたない	지저분하다, 추레하다
ぴかぴか[な]		반짝반짝[한]
新品	しんぴん	신품, 새것
手に入れる	てにいれる	손에 넣다
ざらに		흔히
目をとめる	めをとめる	눈여겨보다, 주시하다
しょうゆさし		간장을 담는 용기
食塩	しょくえん	식염, 소금
流し台	ながしだい	싱크대, 설거지대
排水パイプ	はいすいパイプ	배수파이프
排水	はいすい	배수
修理屋	しゅうりや	수리점
ちらちら		힐끔힐끔
マニアック[な]		마니아적인, 편집적으로 열중하는
コレクター		컬렉터, 수집가
知る由もない	しるよしもない	알 도리가 없다
鋭い	するどい	날카롭다
視線	しせん	시선
走らせる[視線を～]	はしらせる[しせんを～]	재빠르게 움직이다[시선을 ~], 재빠르게 훑어보다
見当	けんとう	짐작, 어림

つく[見当が～]	[けんとうが～]	짐작이 가다, 어림이 잡히다
雑然	ざつぜん	어수선한 모양
ちらばる		흩어지다
手にとる	てにとる	손에 들다
ごく		극히
あたりまえ		당연함, 보통, 예사
手動式	しゅどうしき	수동식
何ひとつない	なにひとつない	무엇 하나 없다
金属	きんぞく	금속
錆びつく	さびつく	녹슬다
錆びる	さびる	녹슬다
てっぺん		꼭대기, 맨 위쪽
シール		실, 스티커
要するに	ようするに	요컨데
刃	は	칼날
かみあわせる		맞물리게 하다
タイプ		타입
削りかす	けずりかす	연필밥(깎을 때 나오는 부스러기)
微妙[に]	びみょう[に]	미묘[하게]
最新式	さいしんしき	최신식
持ち歩く	もちあるく	가지고 다니다
超～[～短編小説]	ちょう～[～たんぺんしょうせつ]	초～[～단편소설]
短編小説	たんぺんしょうせつ	단편소설
意外[な]	いがい[な]	의외[인]
満足[する]	まんぞく[する]	만족[하다]
価値観	かちかん	가치관
異なる	ことなる	다르다
行為	こうい	행위
シナリオ		시나리오
角度	かくど	각도
うらやましい		부럽다
じっと		지그시
見つめる	みつめる	응시하다

18

話す・聞く

いらいら[する]		초초해하다 , 짜증나다
気に入る	きにいる	마음에 들다
仲直り[する]	なかなおり[する]	화해[하다]
不満	ふまん	불만
非難[する]	ひなん[する]	비난[하다]
皮肉	ひにく	비꼼 , 빈정거림
ワイングラス		와인글라스 , 와인잔
捜し物	さがしもの	찾는 물건
しょっちゅう		언제나 , 노상
欠ける[カップが～]	かける	빠지다[컵의 이가 ～]
しまい込む	しまいこむ	집어넣다
だって		그렇지만 , 왜냐면
新婚	しんこん	신혼
思い出	おもいで	추억
思い切る	おもいきる	큰 마음을 먹다
そもそも		도대체 , 애초부터
とる[場所を～]	[ばしょを～]	차지하다[장소를 ～]
栓	せん	마개
抜く[栓を～]	ぬく[せんを～]	뽑다[마개를 ～]
平気[な]	へいき[な]	태연[한]
おまけに		그 위에 , 게다가
気がない	きがない	할 마음이 없다 , 마음이 내키지 않는다
そんなに		그렇게
中断[する]	ちゅうだん[する]	중단[하다]
のぞく		엿보다
シェアハウス		셰어하우스
散らかす	ちらかす	어지르다
乱雑[な]	らんざつ[な]	난잡한

文法・練習

監督	かんとく	감독
持ち主	もちぬし	소유자 , 주인
きく[口を～]	[くちを～]	하다[말을 ～]

跳ぶ	とぶ	뛰다, 뛰어넘다
推測[する]	すいそく[する]	추측[하다]
花嫁	はなよめ	신부
かなう		이루어지다
不平	ふへい	불평
活躍[する]	かつやく[する]	활약[하다]
基礎	きそ	기초
置く[本屋に～]	おく[ほんやに～]	두다[책방에 ～]
維持[する]	いじ[する]	유지[하다]
おしゃれ[な]		멋진
コミュニケーション		커뮤니케이션
ふさわしい		어울리다, 걸맞다, 적합하다

問題

出し忘れる	だしわすれる	내는(보내는) 것을 잊어버리다
素直[な]	すなお[な]	고분고분, 순수[한]
癖	くせ	버릇
ずっと(ずうっと)		계속, 죽
いわば		말하자면, 이를테면
咳払い	せきばらい	헛기침
昨夜	さくや	어젯 밤
ものすごい		굉장하다
試す	ためす	시험하다
超える	こえる	넘다
口癖	くちぐせ	말버릇
習得[する]	しゅうとく[する]	습득[하다]
味方	みかた	아군, 자기 편

しょっちゅう…ね。　항상 …네. / …군.

상대가 한 것을 불쾌하게 생각하고 있음을 나타낸다

…んじゃない？　…지 않니?

だいたい〜は…んだ。 도대체 ～는 …구나.

상대에 대한 불평을 예를 들어 말한다

そんなに言わなくたっていいじゃない。 그렇게 (까지) 말하지 않아도 되잖아.

불만이나 불평을 듣고 반격할 때에 쓰는 표현

お互(たが)いさまなんじゃない？ 서로 마찬가지 아니야? / 피차일반 아닌가?

상대에게도 잘못 (과실)이 있음을 말한다

ごめん。…ちょっと言い過ぎたみたいだね。 미안, 좀 말이 지나쳤던 것 같아.

다툼을 수습할 때 쓰는 사과 표현

私こそ、〜て、ごめん。 나야말로, ～서 미안(해).

상대가 사과했을 때에 자신에게도 잘못이 있음을 인정하는 표현

渡辺昇(わたなべのぼる) 작가 무라카미 하루키의 초단편 소설의 등장 인물.

『鉄腕(てつわん)アトム』 데즈카 오사무 (1928-1989)의 SF 만화・TV 애니메이션.

제 19 과

読む・書く

ロボットコンテスト		로봇 콘테스트
ものづくり		물건 만들기
人づくり	ひとづくり	사람 만들기, 인재 양성
評価[する]	ひょうか[する]	평가[하다]
提言[する]	ていげん[する]	제언, 제안[하다]
的確[な]	てきかく[な]	적확[한]
把握[する]	はあく[する]	파악[하다]
自慢話	じまんばなし	자랑하는 이야기
まとまる		정리되다
集まり	あつまり	모임
即席	そくせき	즉석
取り組む	とりくむ	맞붙다, 씨름하다, 몰두하다
やりとげる		완수하다
産業用ロボット	さんぎょうようロボット	산업용 로봇
無人探査ロボット	むじんたんさロボット	무인탐사 로봇
ペットロボット		애완로봇
介護ロボット	かいごロボット	간호로봇
介護[する]	かいご[する]	간호[하다]
効果	こうか	효과
箇所	かしょ	곳, 부분
先頭	せんとう	선두, 첫머리
第〜[〜一]	だい〜[〜いち]	제 〜[〜 일]
結びつく	むすびつく	결부되다, 이어지다
提唱[する]	ていしょう[する]	제창[하다]
普及[する]	ふきゅう[する]	보급[하다]
努める	つとめる	힘쓰다, 노력하다
課題	かだい	과제
達成[する]	たっせい[する]	달성[하다]
製作[する]	せいさく[する]	제작[하다]
競技[する]	きょうぎ[する]	경기[하다]

高専	こうせん	고등전문학교의 준말
さて		자, 그런데 (화제 전환)
向上[する]	こうじょう[する]	향상[하다]
たんに		단순히
削る	けずる	깎다
欠ける	かける	결여되다
創造[する]	そうぞう[する]	창조[하다]
添付[する]	てんぷ[する]	첨부[하다]
単純[な]	たんじゅん[な]	단순[한]
独創[力]	どくそう[りょく]	독창[력]
養う	やしなう	기르다, 양육하다
達成感	たっせいかん	달성감, 성취감
身につく	みにつく	몸에 배다, 익다
活用[する]	かつよう[する]	활용[하다]
経費	けいひ	경비
節約[する]	せつやく[する]	절약[하다]
廃品	はいひん	폐품
廃材	はいざい	폐재
前～[～年度]	ぜん～[～ねんど]	전 ～[～ 년도]
分解[する]	ぶんかい[する]	분해[하다]
再利用[する]	さいりよう[する]	재이용[하다]
車輪	しゃりん	차륜, 차바퀴
用紙	ようし	용지
ガムテープ		접착 테이프
巻く	まく	감다
芯	しん	심
発泡ゴム	はっぽうゴム	발포고무
ゴム		고무
ヤスリ		줄
かける[ヤスリを～]		줄질하다
仕上げる	しあげる	완성하다
部品	ぶひん	부품
生命	せいめい	생명
入る[生命が～]	はいる[せいめいが～]	들어가다[생명이 ～]

分身	ぶんしん	분신
ふるまい		행동, 거동
おだやか[な]		온화[한]
チームワーク		팀 워크
組む[チームを～]	くむ	짜다[팀을 ~]
トーナメント		토너먼트
精神的[な]	せいしんてき[な]	정신적[인]
登校[する]	とうこう[する]	등교[하다]
拒否[する]	きょひ[する]	거부[하다]
下校[する]	げこう[する]	하교[하다]
標語	ひょうご	표어
特効薬	とっこうやく	특효약
例外	れいがい	예외
広まる[世界中に～]	ひろまる[せかいじゅうに～]	퍼지다[전 세계에 ~]

話す・聞く

入会[する]	にゅうかい[する]	입회, 가입[하다]
自己紹介	じこしょうかい	자기소개
アピール[する]		어필[하다]
役者	やくしゃ	배우
新入部員	しんにゅうぶいん	신입부원
部員	ぶいん	부원
部活動	ぶかつどう	동아리 활동
役立てる	やくだてる	유용하게 쓰다
入部[する]	にゅうぶ[する]	입부[하다], 들다
ささやか[な]		사소[한]
～祭	～さい	~ 제
伝統	でんとう	전통
誇り	ほこり	긍지
受け継ぐ	うけつぐ	계승하다, 이어 받다
バトン		바통
舞台	ぶたい	무대
舞台装置	ぶたいそうち	무대장치

装置	そうち	장치
衣装	いしょう	의상
華やか[な]	はなやか[な]	화려[한]
覚悟[する]	かくご[する]	각오[하다]
ありきたり[の]		흔히 있음[는], 평범함[한]
時計回り	とけいまわり	시계방향
タイヤ		타이어
ストッパー		스토퍼, 제동장치
筋肉	きんにく	근육
モーター		모터
生かす	いかす	살리다
万年〜	まんねん〜	만년 ~
補欠	ほけつ	보결
レギュラー		레귤러, 정규
いわゆる		소위
ボール拾い	ボールひろい	볼보이
下積み	したづみ	밑바닥, 말단
サークル		서클, 동아리
小噺	こばなし	소화, 짤막한 이야기
喜劇	きげき	희극
ユニーク[な]		유니크, 독특[한]
揃う	そろう	갖추어지다, 모이다
引き継ぐ	ひきつぐ	이어 받다, 계승하다
引き締める	ひきしめる	(단단히)죄다, 다잡다
披露[する]	ひろう[する]	피로[하다], 보이다
準決勝	じゅんけっしょう	준결승
電卓	でんたく	계산기
空想	くうそう	공상
こもる		틀어박히다
引きこもり	ひきこもり	히키코모리, 은둔형 외톨이
コンパス		컴퍼스
手放す	てばなす	손을 놓다, 떼다
方向音痴	ほうこうおんち	방향치, 길치
ナビゲーター		내비게이터

かゆい所に手が届く	かゆいところにてがとどく	가려운 곳에 손이 닿는다, 세심하게 배려하다
お人よし	おひとよし	좋은 사람, 호인, 어수룩한 사람
警察官	けいさつかん	경찰관
詐欺	さぎ	사기
防ぐ	ふせぐ	막다

文法・練習

幼児	ようじ	유아
流行[する]	りゅうこう[する]	유행[하다]
おもに		주로
反抗[する]	はんこう[する]	반항[하다]
甘い[管理体制が～]	あまい[かんりたいせいが～]	무르다, 허술하다[관리체제가 ~]
難民キャンプ	なんみんキャンプ	난민캠프
医療活動	いりょうかつどう	의료활동
医療	いりょう	의료
使命[感]	しめい[かん]	사명[감]
定年	ていねん	정년
受賞[する]	じゅしょう[する]	수상[하다]
物理	ぶつり	물리
道[物理の～]	みち[ぶつりの～]	전문 분야, 방면[물리의 ~]
行儀作法	ぎょうぎさほう	예의범절
行儀	ぎょうぎ	예의, 예절
作法	さほう	작법, 법식, 관례
和	わ	조화, 화목, 일본
深まる[理解が～]	ふかまる[りかいが～]	깊어지다[이해가 ~]
身につける	みにつける	익히다
取り戻す	とりもどす	되찾다
～号[台風～]	～ごう[たいふう～]	~ 호[태풍 ~]
上陸[する]	じょうりく[する]	상륙[하다]
見込み	みこみ	예상, 전망
セツブンソウ		세쓰분소(절분초, 너도바람꽃)
分布[する]	ぶんぷ[する]	분포[하다]
通勤[ラッシュ]	つうきん	통근[러시]

桜前線	さくらぜんせん	벚꽃전선
～前線[桜～]	～ぜんせん[さくら～]	~ 전선 [벚꽃 ~]
日本列島	にほんれっとう	일본열도
北上[する]	ほくじょう[する]	북상 [하다]
梅雨	つゆ	장마
見た目	みため	겉모습
評判	ひょうばん	평판
国家試験	こっかしけん	국가시험
気が合う	きがあう	마음이 맞다
赤字	あかじ	적자
常に	つねに	항상
思い起こす	おもいおこす	상기하다 , 생각해내다
～ごと[中身～]	[なかみ～]	~ 와 함께 , ~ 째 [알맹이 , 내용물 ~]
ポピュラー[な]		포퓰러 , 대중적 [인]

問題

担任	たんにん	담임
保護者会	ほごしゃかい	보호자회
学期[新～]	がっき[しん～]	학기 [신 ~]
飼育[する]	しいく[する]	사육 [하다]
一体感	いったいかん	일체감
無用[な]	むよう[な]	무용 , 쓸모없음 [는]
後ろ向き	うしろむき	등을 돌림 , 소극적임
前向き	まえむき	적극적임
油断[する]	ゆだん[する]	방심 [하다]
初回	しょかい	첫 회
得点	とくてん	득점
興奮[する]	こうふん[する]	흥분 [하다]
チームメイト		팀 메이트
以前	いぜん	이전
掃く	はく	쓸다
清掃[する]	せいそう[する]	청소 [하다]
廃品回収	はいひんかいしゅう	폐품회수
回収[する]	かいしゅう[する]	회수 [하다]

電化[する]	でんか[する]	전화[하다](전력을 이용하여 열, 빛, 동력 따위가 얻어짐)
個別	こべつ	개별
豆腐	とうふ	두부
手元	てもと	손 주변, 손놀림, 솜씨
そうっと/そっと		살짝, 살살
扱う	あつかう	다루다
未~[~経験]	み~[~けいけん]	미~[~경험]
体験[する]	たいけん[する]	체험[하다]
自信	じしん	자신
力[生きる~]	ちから[いきる~]	힘[살아가는~]
サポート[する]		서포트, 지원[하다]
敵	てき	적
状態	じょうたい	상태
走りこむ	はしりこむ	달려 들어가다, 뛰어들다
パスコース		패스 코스
パス		패스
シュート[する]		슛[하다]

19

ちょっと自慢話(じまんばなし)になりますが、……。　좀 제 자랑이 되지만…. / 좀 제 자랑 같지만 ….

자신을 어필할 때의 서두 표현

~の経験(けいけん)を~に生かせたらいいなと思います。　~의 경험을 ~에 살렸으면 좋겠다고 생각합니다. / ~의 경험을 ~에 살렸으면 합니다.

いわゆる~です。　소위(/이른바) ~입니다.

앞의 설명을 세상에서 일반적으로 일컬어지고 있는 말로 바꿔 말할 때의 표현

森政弘(もりまさひろ)	일본의 로봇 공학의 일인자. 1927-.
スペイン風邪(かぜ)	1918년 여름부터 가을에 걸쳐 전세계적으로 유행했던 독감.
ゴビ砂漠(さばく)	고비 사막.

제 20 과

読む・書く

尺八	しゃくはち	퉁소
理解[する]	りかい[する]	이해[하다]
文化面[新聞の〜]	ぶんかめん[しんぶんの〜]	문화면[신문의]
プロフィール		프로필
取る[相撲を〜]	とる[すもうを〜]	하다[스모를 ~]
手順	てじゅん	순서
管楽器	かんがっき	관악기
邦楽	ほうがく	방악(나라 고유의 음악)
笙	しょう	쇼(일본 전통 관악기)
琴	こと	고토(일본 전통 현악기)
三味線	しゃみせん	샤미센(일본 전통 현악기)
小鼓	こつづみ	소고, 작은북
民族[音楽]	みんぞく[おんがく]	민족[음악]
奏者	そうしゃ	연주자
授かる[号を〜]	さずかる[ごうを〜]	이름을 (내려) 주시다
内外[国の〜]	ないがい[くにの〜]	내외[나라의 ~]
古典	こてん	고전
修業[する]	しゅぎょう[する]	수행[하다]
自ら	みずから	스스로
半生	はんせい	반생, 생애의 반
著書	ちょしょ	저서
音色	ねいろ	음색
ノンフィクション		논픽션
〜賞	〜しょう	~상
アフロヘアー		아프로 헤어(곱슬곱슬한 머리)
もと[宗家の〜]	[そうけの〜]	밑, 아래[종가의 ~]
初心者	しょしんしゃ	초심자, 초보자
厄介[な]	やっかい[な]	성가심, 귀찮음[은]
トロンボーン		트럼본

フルート		플룻
吹く	ふく	불다
あっさり		간단하게, 깨끗이
出す[音を〜]	だす[おとを〜]	내다[음을 ~]
〜そのもの		~ 그 자체
在り方	ありかた	본연의 모습, 상태
進級[する]	しんきゅう[する]	진급[하다]
重視[する]	じゅうし[する]	중시[하다]
疑問	ぎもん	의문
持つ[疑問を〜]	もつ[ぎもんを〜]	가지다[의문을 ~]
徹底的[な]	てっていてき[な]	철저[한]
愛好者	あいこうしゃ	애호가
初演[する]	しょえん[する]	첫 연주[하다]
〜人口[尺八〜]	〜じんこう[しゃくはち〜]	~ 인구[퉁소 ~]
急速[な]	きゅうそく[な]	급속[한]
増加[する]	ぞうか[する]	증가[하다]
いやし		치유
古臭い	ふるくさい	케케묵다
斬新[な]	ざんしん[な]	참신[한]
先入観	せんにゅうかん	선입관
接する	せっする	접하다
主張[する]	しゅちょう[する]	주장[하다]
財産	ざいさん	재산
国籍	こくせき	국적
目の色	めのいろ	눈 색
すんなり		수월히, 순조롭게
宝	たから	보물
含める	ふくめる	포함하다
伝統文化	でんとうぶんか	전통문화
イラスト		일러스트
レイアウト		레이아웃
工夫[する]	くふう[する]	궁리[하다]

話す・聞く

主催[する]	しゅさい[する]	주최[하다]
部門	ぶもん	부문
最～[～優秀賞]	さい～[～ゆうしゅうしょう]	최 ~[~ 우수상]
広報[～誌]	こうほう[～し]	홍보[~ 지]
掲載[する]	けいさい[する]	게재[하다]
初対面	しょたいめん	첫대면
終える	おえる	끝내다, 마치다
十両	じゅうりょう	쥬료(스모의 계급 중 하나)
相撲部屋	すもうべや	스모도장
抱負	ほうふ	포부
機関誌	きかんし	기관지
光栄	こうえい	영광
実家	じっか	본가
ジュニア		주니어
世界選手権大会	せかいせんしゅけんたいかい	세계선수권대회
入門[する]	にゅうもん[する]	입문[하다]
初土俵	はつどひょう	첫 스모판, 첫 경기
わずか[な]		근소[한], 불과
関取	せきとり	세키토리(상위 열 번째 계급(十両) 이상의 스모 선수에 대한 경칭)
順風満帆	じゅんぷうまんぱん	순풍만범(만사가 순조롭게 진행됨의 비유)
上がる[十両に～]	あがる[じゅうりょうに～]	오르다[쥬료에 ~](쥬료(十両):상위 열 번째 계급까지를 말함)
命日	めいにち	명일, 기일
昇進[する]	しょうしん[する]	승진[하다]
知らせ	しらせ	공지, 알림, 소식
さぞ		틀림없이, 필시, 얼마나
離れる[故郷を～]	はなれる[こきょうを～]	떠나다[고향을 ~]
特殊[な]	とくしゅ[な]	특수[한]
ちゃんこ鍋	ちゃんこなべ	장코나베(일본 스모 선수가 먹는 냄비요리)

わがまま[な]		제멋대로 굶, 방자함[한]
納豆	なっとう	낫토(콩으로 만든 발효 식품)
いける		상당히 잘하다(먹을 줄 안다)
四股名	しこな	스모선수의 예명
力強い	ちからづよい	힘세다, 힘차다
響き	ひびき	울림
ニックネーム		닉네임
師匠	ししょう	스승
力士	りきし	스모선수
生まれ変わる	うまれかわる	다시 태어나다
慣習	かんしゅう	관습
報いる	むくいる	보답하다, 갚다
応援[する]	おうえん[する]	응원[하다]
さらなる		한층 더
貴重[な]	きちょう[な]	귀중[한]
経営者	けいえいしゃ	경영자
手作り	てづくり	수제, 손으로 만듦
医師	いし	의사
ドキュメンタリー		다큐멘터리
姿	すがた	모습
頼る	たよる	의지하다, 믿다
寄り添う	よりそう	달라붙다, 바싹 붙어있다
余暇	よか	여가
まとめる[内容を～]	[ないようを～]	종합하다, 정리하다[내용을 ~]

文法・練習

共同	きょうどう	공동
田植え	たうえ	모내기
毒ヘビ	どくへび	독사
毒	どく	독
ホッとする		안심하다
腹が立つ	はらがたつ	화가 나다
演奏家	えんそうか	연주가
国立大学	こくりつだいがく	국립대학

20

私立大学	しりつだいがく	사립대학
経済的[な]	けいざいてき[な]	경제적[인]
学費	がくひ	학비
進学[する]	しんがく[する]	진학[하다]
失業[する]	しつぎょう[する]	실업 , 실직[하다]
悩む	なやむ	고민하다
引退[する]	いんたい[する]	은퇴[하다]
渡り歩く	わたりあるく	여기저기 떠돌아다니다 , 전전하다
ようやく		이윽고 , 드디어
長時間	ちょうじかん	장시간
一致[する]	いっち[する]	일치[하다]
延長戦	えんちょうせん	연장전
延長[する]	えんちょう[する]	연장[하다]
交渉[する]	こうしょう[する]	교섭[하다]
アップ[する]		UP, 업[하다], 오르다
愛犬	あいけん	애견
とうとう		드디어
母校	ぼこう	모교
偽物	にせもの	가짜
重い[病気が～]	おもい[びょうきが～]	무겁다 , 위중하다[병이 ~]
湧き起こる	わきおこる	끓어오르다 , 북받치다
柔らかい[頭が～]	やわらかい[あたまが～]	유연하다[머리가 ~]
子猫	こねこ	새끼 고양이
持ち出す	もちだす	가지고 나오다 , 꺼내다
拍手[する]	はくしゅ[する]	박수[치다]
民主主義	みんしゅしゅぎ	민주주의
運動神経	うんどうしんけい	운동신경
一流	いちりゅう	일류

問題

商品開発	しょうひんかいはつ	상품개발
アイス		아이스
原材料	げんざいりょう	원재료
試作品	しさくひん	시제품

失敗作	しっぱいさく	실패작
企業秘密	きぎょうひみつ	기업비밀
ヒント		힌트
待ち遠しい	まちどおしい	오래 기다리다, 몹시 기다려지다
ハープ		하프
優雅[な]	ゆうが[な]	우아[한]
奏でる	かなでる	연주하다
背丈	せたけ	신장, 키, 기장
枠	わく	틀
張る[弦を～]	はる[げんを～]	메우다[현을 ~]
親指	おやゆび	엄지
はじく		뜯다, 뜯어서 연주하다
上半身	じょうはんしん	상반신
揺らす	ゆらす	흔들다
掛け合い	かけあい	두 사람 이상이 번갈아 함
リード[する]		리드[하다]
現地	げんち	현지
付け根	つけね	물건이 붙어 있는 밑동 부분
痛む	いたむ	아프다
本場	ほんば	본고장
雰囲気	ふんいき	분위기
ふと		문득
格好良い	かっこ[う]よい	멋지다, 멋있다
ほれ込む	ほれこむ	반하다, 매료되다
拍子	ひょうし／～びょうし	박자
同時進行[する]	どうじしんこう[する]	동시 진행[하다]
番組制作	ばんぐみせいさく	방송(프로그램) 제작
同時	どうじ	동시
ラテン音楽	ラテンおんがく	라틴음악
渡る[現地に～]	わたる[げんちに～]	건너가다[현지로 ~]
夜明け	よあけ	새벽
即興演奏	そっきょうえんそう	즉흥 연주
即興	そっきょう	즉흥
バンド		밴드

加わる	くわわる	가해지다, 더해지다
持ち味	もちあじ	본래의 맛
武者修行	むしゃしゅぎょう	무사 수행, 다른 지방이나 외국에 나가 기예를 닦음
各地	かくち	각지
刻む	きざむ	새기다
自腹を切る	じばらをきる	비용을 자기 부담하다, 자비를 들이다
独立[する]	どくりつ[する]	독립[하다]
交じる	まじる	섞이다
感激[する]	かんげき[する]	감격[하다]
自作	じさく	자작
がらくた		잡동사니
大型	おおがた	대형
空き缶	あきかん	깡통
バネ		용수철, 스프링
弦楽器	げんがっき	현악기
エコー		에코, 메아리
説得[する]	せっとく[する]	설득[하다]
素材	そざい	소재

お忙(いそが)しいところ、お時間をいただきありがとうございます。～と申します。　바쁘신 중에 시간 내주셔서 감사합니다. ～라고 합니다.

인터뷰를 시작할 때 쓰는 말

～に紹介(しょうかい)させていただきたいと思います。　～에서 소개하고 싶습니다.

まず、伺(うかが)いたいんですが、……。　먼저, 여쭈어보고 싶은데요….

それにしても、……。　그렇다고 해도 / 그렇다 치더라도….

何か一言(ひとこと)お願(ねが)いできますでしょうか。　뭔가 한 말씀 부탁드려도 될까요?

ますますのご活躍(かつやく)を期待(きたい)しております。　앞으로도 많은 활약 기대하고 있겠습니다.

인터뷰를 마칠 때의 인사

クリストファー遙盟(ようめい)　민족 음악 연구가, 국악기・퉁소의 연주자. 미국인.

蓮如賞（れんにょしょう）	뛰어난 논픽션 작품에 수여하는 문학상.
竹盟社（ちくめいしゃ）	퉁소의 유파.
武満徹（たけみつとおる）	현대 음악 분야에서 세계적으로도 유명한 일본을 대표하는 작곡가. 1930-1996.
「ノヴェンバー・ステップス」	다케미쓰가 1967년 작곡한 비파, 퉁소와 오케스트라를 위한 작품으로 작자가 국제적인 명성을 얻는 계기가 되었다.
臥牙丸関（ががまるぜき）	그루지야 출신의 스모 선수.
グルジア	그루지야.
ベネズエラ	베네수엘라.
ボサノバ	브라질의 삼바를 도회적으로 세련되게 만든 것.

제 21 과

読む・書く

表明[する]	ひょうめい[する]	표명[하다]
根拠	こんきょ	근거
基づく	もとづく	기초를 두다, 의거하다, 따르다
基に	もとに	기초로
図表	ずひょう	도표
飲み水	のみみず	음료수, 식수
こだわり		구애됨, 집착함, 고집
深さ[関わりの〜]	ふかさ[かかわりの〜]	깊이[관계의 ~]
危機感	ききかん	위기감
糸目をつけない[金に〜]	いとめをつけない[かねに〜]	아낌없이 (막) 쓰다[돈을 ~]
通人	つうじん	통달한 사람
茶漬け	ちゃづけ	차즈케(밥에 뜨거운 물이나 차를 붓고 다양한 토핑을 얹어 먹는 요리)
漬物	つけもの	쓰케모노(절임 음식)
煎茶	せんちゃ	엽차
飯	めし	밥, 식사
代金	だいきん	대금
両	りょう	냥(옛날 화폐의 단위)
分	ぶ	푼(옛날 화폐의 단위)
吟味[する]	ぎんみ[する]	음미[하다]
見当たる	みあたる	발견되다, 눈에 띄다
上流	じょうりゅう	상류
くむ[水を〜]	[みずを〜]	긷다, 푸다[물을 ~]
早飛脚	はやびきゃく	파발꾼, 급사
仕立てる	したてる	만들다, 준비하다
故	ゆえ	~ 때문(에), 까닭(에)
運賃	うんちん	운임
二の句もつげない	にのくもつげない	다음 말이 안 나온다

上水	じょうすい	상수
主流	しゅりゅう	주류
清冽	せいれつ	청렬 (물이 맑고 찬 모양)
うたう		노래하다
名水	めいすい	명수, 좋은 물
目立つ	めだつ	눈에 띄다, 두드러지다
産湯	うぶゆ	갓난 아이를 목욕시킴, 또는 그 더운 물
末期	まつご	말기, 일생의 최후, 임종
切る[縁を～]	きる[えんを～]	끊다[연을 ~]
あこがれる		동경하다
一方的[な]	いっぽうてき[な]	일방적[인]
決めつける	きめつける	일방적으로 단정하다
あおりたてる		부추기다
確実[な]	かくじつ[な]	확실[한]
質	しつ	질
落とす[質を～]	おとす[しつを～]	떨어뜨리다[질을 ~]
有数	ゆうすう	유수, 굴지
主食	しゅしょく	주식
炊く	たく	(밥을)짓다
自体	じたい	자체
たっぷり		듬뿍
副食	ふくしょく	부식
ミソ汁	ミソしる	된장국
大半	たいはん	태반, 대부분
銘柄米	めいがらまい	이름있는 특상미
とびきり		특출하게, 월등히
玉露	ぎょくろ	옥로, 품질이 좋은 달여 마시는 차
極上の	ごくじょうの	극상 (최상)의
地下水	ちかすい	지하수
良質	りょうしつ	양질
豊富[な]	ほうふ[な]	풍부[한]
雨水	あまみず	빗물
雪どけ水	ゆきどけみず	눈이 녹아서 생긴 물
杉	すぎ	삼나무
松	まつ	소나무

クヌギ		상수리나무
しみ込む	しみこむ	깊이 스며들다, 배어들다
常時	じょうじ	상시, 언제나, 항상
湧く	わく	솟아나다, 샘솟다
岩石	がんせき	암석
入り込む	はいりこむ	속으로(깊숙이) 파고 들어가다
リゾート開発	リゾートかいはつ	리조트 개발
ゴルフ場	ゴルフじょう	골프장
伐採[する]	ばっさい[する]	벌채[하다]
破壊[する]	はかい[する]	파괴[하다]
汚れる[地下水が〜]	よごれる[ちかすいが〜]	더러워지다[지하수가 ~], 오염되다
英訳[する]	えいやく[する]	영역, 영어로 번역[하다]
水を差す	みずをさす	찬물을 끼얹다, 방해하다
水を向ける	みずをむける	상대가 관심을 갖도록 꾀다
水かけ論	みずかけろん	결말이 나지 않는 의론
水入らず	みずいらず	(남이 끼지 않은) 집안끼리, 식구끼리
誘い水	さそいみず	마중물
堪能[な]	たんのう[な]	뛰어나다, 능통함[한]
訳す	やくす	번역하다, 해석하다
周辺	しゅうへん	주변
密着[する]	みっちゃく[する]	밀착[하다]
独自[な]	どくじ[な]	독자[적인]
築きあげる	きずきあげる	쌓아올리다
崩れる	くずれる	무너지다, 붕괴하다
共通[する]	きょうつう[する]	공통[되다]
単語	たんご	단어
ファッション		패션

話す・聞く

横ばい	よこばい	보합, 제자리 걸음
進む	すすむ	나아가다
減少[する]	げんしょう[する]	감소[하다]
著しい	いちじるしい	현저하다
とる[食事を〜]	[しょくじを〜]	하다[식사를 ~]

個食	こしょく	혼자서 (따로따로) 식사를 함
図	ず	그림, 도표
興味深い	きょうみぶかい	매우 흥미롭다
ご覧ください	ごらんください	보아 주십시오
食育	しょくいく	바른 식생활 교육
白書	はくしょ	백서
調理[する]	ちょうり[する]	조리[하다]
聞きなれる	ききなれる	귀에 익다
～済み[調理～]	～ずみ[ちょうり～]	～끝남, 마침, 완료[조리 ～]
食材	しょくざい	식재
惣菜	そうざい	반찬
手軽[な]	てがる[な]	손쉬움[운], 간편함[한]
外部化	がいぶか	외부화
再び	ふたたび	다시
近年	きんねん	근년
依然	いぜん	여전히
形態	けいたい	형태
様変わり	さまがわり	모양이 바뀜, 급변함
受講[する]	じゅこう[する]	수강[하다]
気になる	きになる	마음에 걸리다, 걱정이 되다
囲む[食卓を～]	かこむ[しょくたくを～]	둘러싸다[식탁을 ～]
回答[する]	かいとう[する]	회답[하다]
～人中～人	～にんちゅう～にん	～인(명) 중 ～인(명)
上昇[する]	じょうしょう[する]	상승[하다]
就労[する]	しゅうろう[する]	취로[하다], 노동에 종사하다
訪日[する]	ほうにち[する]	방일, 일본을 방문[하다]
推移[する]	すいい[する]	추이[하다], 변해가다
キャンペーン		캠페인
円安	えんやす	엔저
最多	さいた	최다
新型	しんがた	신형
増減[する]	ぞうげん[する]	증감[하다]
外的[な]	がいてき[な]	외적[인]
要因	よういん	요인

信頼性	しんらいせい	신뢰성
入手[する]	にゅうしゅ[する]	입수[하다]
世帯	せたい	세대
進学率	しんがくりつ	진학률
保有台数	ほゆうだいすう	보유대수

文法・練習

得る	える	얻다
よしあし		좋고 나쁨
名医	めいい	명의
けち[な]		인색[한]
不器用[な]	ぶきよう[な]	서투름[른], 솜씨없음[는]
俳句	はいく	하이쿠(일본의 단시)
節電[する]	せつでん[する]	절전[하다]
使用量	しようりょう	사용량
報道[する]	ほうどう[する]	보도[하다]
出産[する]	しゅっさん[する]	출산[하다]
口が[の]悪い	くちが[の]わるい	입이 걸다, 험하다
評論家	ひょうろんか	평론가
基本	きほん	기본
列	れつ	열
積み重ねる	つみかさねる	겹겹이 쌓다
それなり		그런대로, 그나름
年輪	ねんりん	연륜
化粧[する]	けしょう[する]	화장[하다]
判断[する]	はんだん[する]	판단[하다]
購入[する]	こうにゅう[する]	구입[하다]
検討[する]	けんとう[する]	검토[하다]
災害時	さいがいじ	재해시
安全基準	あんぜんきじゅん	안전기준
責任	せきにん	책임
遺産	いさん	유산
外交官	がいこうかん	외교관

きずな		인연 , 유대
深める	ふかめる	깊게 하다
母語	ぼご	모어 , 모국어
コレステロール		콜레스테롤
値[コレステロール〜]	ち	수치 [콜레스테롤 ~]
莫大[な]	ばくだい[な]	막대 [한]
社会貢献	しゃかいこうけん	사회공헌
貢献[する]	こうけん[する]	공헌 [하다]
ブランド		브랜드
バリアフリー		배리어 프리 (장애물 없는 생활 환경)
障害	しょうがい	장애 , 방해물
ダイビング[する]		다이빙 [하다]

問題

インスタントラーメン		인스턴트 라면
消費量	しょうひりょう	소비량
総〜[〜消費量]	そう〜[〜しょうひりょう]	총 ~ [~ 소비량]
およそ		대략 , 대강
麺	めん	면
ハウス		하우스
養殖[する]	ようしょく[する]	양식 [하다]
冷凍	れいとう	냉동
出回る	でまわる	나돌다
乏しい	とぼしい	모자라다 , 부족하다
イチゴ		딸기
クリスマスケーキ		크리스마스 케이크
カツオ		가다랑어
サンマ		꽁치
季語	きご	계절감을 나타내는 말
旬	しゅん	철 , 제철
技	わざ	기술
しきたり		관습 , 관례
呉服	ごふく	포목 , 비단 옷감의 총칭

若だんな	わかだんな	큰 도련님
あらゆる		모든, 일체의
番頭	ばんとう	상점의 지배인
思い知る	おもいしる	깨닫다, 통감하다
蔵	くら	창고, 곳간
腐る	くさる	썩다, 부패하다
季節外れ	きせつはずれ	계절에 맞지 않음
房	ふさ	(오렌지, 귤 등의) 쪽, 조각
せいぜい		기껏, 겨우, 고작

これは～を示(しめ)す～です。　이것은 ～을 나타내는 ～입니다.

～に見られるように、……。　～에서 보여지는 것 처럼….

데이터로부터 결과를 이끌어내는 표현

以上から、…ことがお分かりいただけると思います。　이상에서(/이상으로부터), …것을 아실 수 있으리라고 생각합니다.

데이터로부터 알게 된 것을 말한다

…と言えるのではないでしょうか。　…라고 말할 수 있지 않을까요.

데이터를 기반으로 고찰한 내용을 말한다

多摩川(たまがわ)	도쿄도를 관류하여 도쿄만으로 흐르는 강.
小泉武夫(こいずみたけお)	일본의 농학자, 문필가. 1943-.
農水省(のうすいしょう)	농림 수산성.
食育白書(しょくいくはくしょ)	내각부가 작성하는 '먹거리 교육 추진 시책에 관한 보고서'.
イチロー選手(せんしゅ)	미국 메이저리그 시애틀 매리너스 소속(2001-2012). 2012년 중도에 뉴욕 양키스에 전격 입단했다.
スピルバーグ	미국의 영화 감독・프로듀서. 1946-.
「千両(せんりょう)みかん」	라쿠고(만담)의 상연 종목 중 하나.

제 22 과

読む・書く

死亡記事	しぼうきじ	사망기사
死亡[する]	しぼう[する]	사망[하다]
手紙文	てがみぶん	편지글
依頼状	いらいじょう	의뢰장
死生観	しせいかん	사생관
ディスカッション		디스커션, 토론
通信手段	つうしんしゅだん	통신수단
手段	しゅだん	수단
拝啓	はいけい	삼가아뢰니다(편지 서두에 쓰는 말)
時下	じか	시하, 요즈음, 이때(편지 서두에 쓰는 말)
[ご]健勝	[ご]けんしょう	건승
小社	しょうしゃ	자기 회사를 낮추어 이르는 말
目下	もっか	목하, 현재, 지금
類	るい	류, 유례
ネクロロジー		사망 기사, 사망자 약력(전기)
物故者	ぶっこしゃ	사망자
略伝	りゃくでん	약전, 간략하게 간추린 전기
編纂[する]	へんさん[する]	편찬[하다]
玉稿	ぎょっこう	옥고(남의 원고의 높임말)
たまわる		(윗사람에게서) 받다
次第	しだい	～바, 사정
当の	とうの	바로 그
本人	ほんにん	본인
執筆[する]	しっぴつ[する]	집필[하다]
点[という～]	てん	점[라는 ～]
存命[中]	ぞんめい[ちゅう]	존명, 생존해 있음
人物	じんぶつ	인물
業績	ぎょうせき	업적
辞世	じせい	사세, 죽을 때 남겨 놓는 시가 등의 문구

墓碑銘	ぼひめい	묘비명
不謹慎	ふきんしん	불성실, 신중하지 못함
興味本位	きょうみほんい	흥미본위 (위주)
推察[する]	すいさつ[する]	추찰[하다], 미루어 헤아림
死	し	죽음
生	せい	생, 삶
さらす		드러내다, 노출시키다, 여러 사람의 눈에 띄게 하다
集約[する]	しゅうやく[する]	집약[하다]
人名事典	じんめいじてん	인명사전
記述[する]	きじゅつ[する]	기술[하다]
客観的[な]	きゃっかんてき[な]	객관적[인]
抱く	いだく	안다, 품다
別問題	べつもんだい	별개의 (다른) 문제
承知[する]	しょうち[する]	알고 있음
いっそ		도리어, 차라리
隔てる	へだてる	사이 (거리)를 두다, 세월을 보내다
中略	ちゅうりゃく	중략
本書	ほんしょ	본서
意図[する]	いと[する]	의도[하다]
敬具	けいぐ	경구, 경백 (편지 끝에 쓰는 인사말)
色は匂へど散りぬるを	いろはにおへ(え)どちりぬるを	(이로하 노래의 일부) 향기롭고 아름다운 꽃도 언젠가는 진다는 내용
氏	し	그, 그분
生前	せいぜん	생전
遺骨	いこつ	유골
三無主義	さんむしゅぎ	삼무주의
主義	しゅぎ	주의
唱える	となえる	주창하다, 외치다, 내세우다
遺書	いしょ	유서
記す	しるす	적다, 기록하다
公言[する]	こうげん[する]	공언[하다]
遺族	いぞく	유족
忠実[な]	ちゅうじつ[な]	충실[한]
覆い隠す	おおいかくす	덮어 가리다, 숨기다

生涯	しょうがい	생애, 평생
宗教	しゅうきょう	종교
通す	とおす	처음부터 끝까지 계속하다
満月	まんげつ	만월, 보름달
仰ぐ	あおぐ	우러르다
夢想[する]	むそう[する]	몽상[하다]
はたして		과연, 역시
最期	さいご	최후[죽음]
定か[な]	さだか[な]	명확, 분명, 확실[한]
悟る	さとる	깨닫다
心得	こころえ	마음가짐
断食[する]	だんじき[する]	단식[하다]
往生[する]	おうじょう[する]	왕생[하다], 목숨이 다하여 다른 세계에 가서 태어남
現時点	げんじてん	현시점
すべ		방법, 수단
かねて		전부터
一握り	ひとにぎり	한 줌
散骨	さんこつ	산골, 유골을 바다나 강이나 산에 뿌리는 장례
知友	ちゆう	친구
遺灰	いはい	유해, 유골
みちすがら		가는 길에, 가는 도중에
因縁	いんねん	인연
散布[する]	さんぷ[する]	살포[하다]
愛唱句	あいしょうく	애창구(절)
制作意図	せいさくいと	제작 의도
制作[する]	せいさく[する]	제작[하다]
夢みる	ゆめみる	꿈을 꾸다
山あり谷あり	やまありたにあり	굴곡지다, 기복있다
振り返る	ふりかえる	뒤돌아보다, 회고하다
功績	こうせき	공적
還暦	かんれき	환갑
迎える[還暦を〜]	むかえる[かんれきを〜]	맞이하다[환갑을 ~]
フェア		페어, 전시회, 박람회
開催[する]	かいさい[する]	개최[하다]

資金	しきん	자금
団体	だんたい	단체
御中	おんちゅう	귀중
時候	じこう	시후, 계절
趣旨	しゅし	취지
企画[する]	きかく[する]	기획[하다]
意義	いぎ	의의
依頼[する]	いらい[する]	의뢰[하다]
伝記	でんき	전기

話す・聞く

ゼミ		제미, 일본 대학의 특수한 수업 방식 중 하나
文末	ぶんまつ	문말, 글이나 문장의 끝
遠慮がち	えんりょがち	조심스럽다
意思	いし	의사
議題	ぎだい	의제
産む	うむ	낳다
保育所	ほいくしょ	보육소, 보육원, 어린이 집
ためらう		주저하다, 망설이다
せめて		적어도
給食	きゅうしょく	급식
保育施設	ほいくしせつ	보육시설
～施設[保育～]	～しせつ[ほいく～]	～시설[보육～]
充実[する]	じゅうじつ[する]	충실, 완비[하다]
無償	むしょう	무상
恩恵	おんけい	은혜, 혜택
不公平[感]	ふこうへい[かん]	불공평[감]
核家族	かくかぞく	핵가족
育児休暇	いくじきゅうか	육아(출산) 휴가
育児	いくじ	육아
子育て	こそだて	양육, 육아
積極的[な]	せっきょくてき[な]	적극적[인]
放棄[する]	ほうき[する]	포기[하다]
イジメ		이지메, 왕따, 집단 괴롭힘

任せる	まかせる	맡기다
縛る	しばる	묶다, 매다, 규정하다
解消[する]	かいしょう[する]	해소[하다]
カップル		커플
こだわる		얽매이다, 집착하다, 고집하다
背景	はいけい	배경
カギ[問題を解決する〜]	[もんだいをかいけつする〜]	열쇠[문제 해결의 ~]
未婚	みこん	미혼
晩婚	ばんこん	만혼
発想[する]	はっそう[する]	발상[하다]
転換[する]	てんかん[する]	전환[하다]
値上げ	ねあげ	가격 인상
居住〜[〜環境]	きょじゅう〜[〜かんきょう]	거주 ~[~ 환경]
レベル		레벨, 수준
年金	ねんきん	연금
年金生活[者]	ねんきんせいかつ[しゃ]	연금생활[자]
安易[な]	あんい[な]	안이[한]
スライド[する]		슬라이드, 연동[하다]
仕方[が]ない	しかた[が]ない	하는 수[가] 없다
交わり	まじわり	사귐, 교제, 교류
無駄遣い	むだづかい	낭비
誘惑[する]	ゆうわく[する]	유혹[하다]
日頃	ひごろ	평소
オンラインゲーム		온라인 게임
率直[な]	そっちょく[な]	솔직[한]
意見交換	いけんこうかん	의견 교환
まとめ役	まとめやく	의견을 정리하는 역할

文法・練習

共有[する]	きょうゆう[する]	공유[하다]
移転[する]	いてん[する]	이전[하다]
出席率	しゅっせきりつ	출석률

運転免許証	うんてんめんきょしょう	운전면허증
経済成長期	けいざいせいちょうき	경제성장기
倍	ばい	배, 2배
皆様	みなさま	여러분
国連	こくれん	국제연합, UN
通訳[する]	つうやく[する]	통역[하다]
左右[する]	さゆう[する]	좌우[하다]
乳幼児	にゅうようじ	유아기, 유유아, 학교에 들어가기 전의 어린 아이를 이른다.
死亡率	しぼうりつ	사망률
生命体	せいめいたい	생명체
着用[する]	ちゃくよう[する]	착용[하다]
他人	たにん	타인, 남
発達[する]	はったつ[する]	발달[하다]
地動説	ちどうせつ	지동설
信念	しんねん	신념
にこにこ[する]		싱글벙글[하다, 웃다]
待ち望む	まちのぞむ	애타게 기다리다
めったに		거의, 좀처럼
よほど		상당히, 꽤, 어지간히
機嫌	きげん	기분, 비위
ストレス		스트레스
たまる[ストレスが～]		쌓이다[스트레스가 ~]
突く	つく	찌르다
エコロジー		ecology, 생태학
思想	しそう	사상
まもなく		곧, 머지않아
そうした		그런
労働力	ろうどうりょく	노동력
依存[する]	いそん[する]	의존[하다]
労働者	ろうどうしゃ	노동자
受け入れる	うけいれる	받아들이다
労働条件	ろうどうじょうけん	노동조건
労働	ろうどう	노동

整備[する]	せいび[する]	정비[하다]
天	てん	하늘
パスワード		패스워드, 비밀번호
地面	じめん	지면
凍る	こおる	얼다
王様	おうさま	왕
幼い	おさない	어리다
貧しい	まずしい	가난하다
援助[する]	えんじょ[する]	원조[하다]
刺激[する]	しげき[する]	자극[하다]
食料	しょくりょう	식료
不確か[な]	ふたしか[な]	불확실[한]
児童公園	じどうこうえん	아동공원
児童	じどう	아동
ブランコ		그네
滑り台	すべりだい	미끄럼틀
甘やかす	あまやかす	응석을 받아 주다
予防接種	よぼうせっしゅ	예방접종
生きがい	いきがい	사는 보람
童話	どうわ	동화

問題

意欲	いよく	의욕
公平[な]	こうへい[な]	공평[한]
科目	かもく	과목
社会保障	しゃかいほしょう	사회보장
爆発[する]	ばくはつ[する]	폭발[하다]
急増[する]	きゅうぞう[する]	급증[하다]
雇用[する]	こよう[する]	고용[하다]
貧困	ひんこん	빈곤
生む	うむ	낳다
深刻[な]	しんこく[な]	심각[한]
フェスタ		festa, 축제
私ども	わたくしども	저희

協会	きょうかい	협회
展示[する]	てんじ[する]	전시[하다]
詳細[な]	しょうさい[な]	상세[한]
企画書	きかくしょ	기획서
打ち合わせ	うちあわせ	사전 협의, 미팅
日程	にってい	일정
用件	ようけん	용건
承諾[する]	しょうだく[する]	승낙[하다]
無気力[な]	むきりょく[な]	무기력[한]
無断	むだん	무단
満たす	みたす	채우다, 충족시키다
再会[する]	さいかい[する]	재회[하다]
玩具	がんぐ	완구
粘り強い	ねばりづよい	끈덕지다, 끈질기다
要望[する]	ようぼう[する]	요망[하다]
息	いき	숨
引き取る[息を〜]	ひきとる[いきを〜]	거두다[숨을 〜], 죽다
褒めたたえる	ほめたたえる	기리다, 칭송하다
熱意	ねつい	열의
響く	ひびく	울리다
鑑賞[する]	かんしょう[する]	감상[하다]
訴える	うったえる	호소하다

では、今日の議題(ぎだい)、〜について話し合いたいと思います。	그럼, 오늘의 의제, 〜에 대해서 논의해 보고자 합니다.

토론을 시작할 때의 표현

私は〜に反対(はんたい)です。	저는 〜에 반대입니다. / 〜반대합니다.
〜より〜を〜べきじゃないでしょうか。	〜보다 〜을 〜해야 하지 않을까요?/ 〜보다 〜을 〜할 필요가 있지 않을까요?
その通りです。	그렇습니다. / 맞습니다.

찬성을 표명한다

…のではなく、まず、…べきだと思います。	…게 아니라, 우선 …(해)야 한다고 생각합니다.

ですが、～さん。　　하지만 ～씨.

지금부터 반대 의견을 말할 것임을 밝힌다

それもそうですね。　　그것도 그렇네요.

찬의(옳다고 판단하여 수긍하는 마음)를 나타낸다

…なんじゃないでしょうか。　　…인 것은 아닐까요?

의견을 말한다

ではそろそろ意見をまとめたいと思います。　　그럼 슬슬 의견을 정리해 보고자 합니다.

토론을 끝낸 때에 사용하는 표현

山折哲雄（やまおりてつお）	종교학자・철학자. 1931-.
西行法師（さいぎょうほうし）	헤이안 시대 말기의 가인(시인). 1118-1190.
ガンジス川（がわ）	갠지스 강.
ASEAN 諸国（しょこく）	아세안 제국, 아세안 국가들.
ガリレオ	이탈리아의 물리학자・천문학자. 1564-1642.
アンデルセン童話（どうわ）	덴마크의 동화 작가 안데르센이 쓴 일련의 동화 작품.
「羅生門（らしょうもん）」	1950년에 공개된 구로사와 아키라 감독의 일본 영화.
「生（い）きる」	1952년에 공개된 구로사와 아키라 감독의 일본 영화.

제 23 과

読む・書く

コモンズ		공공 소유 자원, 공유지
悲劇	ひげき	비극
地球市民	ちきゅうしみん	지구시민
オゾン層	オゾンそう	오존층
熱帯雨林	ねったいうりん	열대우림
酸性雨	さんせいう	산성비
生物	せいぶつ	생물
絶滅[する]	ぜつめつ[する]	절멸, 멸종[하다]
大気汚染	たいきおせん	대기오염
大気	たいき	대기
汚染[する]	おせん[する]	오염[되다]
現れる	あらわれる	나타나다
共有地	きょうゆうち	공유지
牧草	ぼくそう	목초
羊	ひつじ	양
あげる[利益を〜]	[りえきを〜]	올리다[이익을 ~]
試み始める	こころみはじめる	시험해 보기 시작하다
試みる	こころみる	시험해 보다, 시도해 보다
荒廃[する]	こうはい[する]	황폐[해지다]
捨て去る	すてさる	버리고 가 버리다
投稿[する]	とうこう[する]	투고[하다]
懲りる	こりる	질리다
仕組み	しくみ	구조, 장치
掟	おきて	규칙, 규정
組み込む	くみこむ	짜다, 편성하다
物語	ものがたり	이야기
識者	しきしゃ	식자
規模	きぼ	규모
直結[する]	ちょっけつ[する]	직결[하다]

普遍化	ふへんか	보편화
公共圏	こうきょうけん	공공권
水資源	みずしげん	수자원
山林	さんりん	산림
河川	かせん	하천
酸素	さんそ	산소
少々	しょうしょう	조금
海洋	かいよう	해양
神話	しんわ	신화
道徳	どうとく	도덕
支え	ささえ	지탱, 받침, 버팀
自然科学	しぜんかがく	자연과학
人文科学	じんぶんかがく	인문과학
織りまぜる	おりまぜる	짜넣다, 삽입하다, 결합시키다
ジレンマ		딜레마
掘り下げる	ほりさげる	파내려 가다, 깊이 파고 들다
制御[する]	せいぎょ[する]	제어[하다]
無数の	むすうの	무수의
相互作用	そうごさよう	상호작용
解決策	かいけつさく	해결책
農耕	のうこう	농경
教訓	きょうくん	교훈
灌漑	かんがい	관개
土壌	どじょう	토양
塩類	えんるい	염류
集積[する]	しゅうせき[する]	집적[하다]
縮小[する]	しゅくしょう[する]	축소[하다]
海浜	かいひん	해변
消失[する]	しょうしつ[する]	소실[하다]
等々	とうとう	등등
数えあげる	かぞえあげる	열거하다
きり[〜がない]		한계, 끝[〜이 없다]
つけ		계산서, (지불해야 할) 대가
事象	じしょう	사상

明確[な]	めいかく[な]	명확[한]
確率	かくりつ	확률
明らか[な]	あきらか[な]	명백[한]
不可欠[な]	ふかけつ[な]	불가결[한], 없어서는 안 될
段階	だんかい	단계
記号	きごう	기호
荒れる	あれる	거칠어지다, 황폐해지다
植物	しょくぶつ	식물
生育[する]	せいいく[する]	생육[하다]
工業	こうぎょう	공업
種々	しゅじゅ	갖가지, 여러 가지
チェックシート		체크쉬트, 점검표
温度設定	おんどせってい	온도설정
温度	おんど	온도
設定[する]	せってい[する]	설정[하다]

話す・聞く

クマゲラ		까막딱따구리
林道	りんどう	임간 도로(임산물을 운반하는 길)
鳥類	ちょうるい	조류
生息地	せいそくち	서식지
経緯	けいい	경위
決意[する]	けつい[する]	결의[하다]
棲む	すむ	살다, 서식하다
啄木鳥	きつつき	딱따구리
しっぽ		꼬리
羽毛	うもう	깃털, 새털
スケッチ[する]		스케치[하다]
偶然	ぐうぜん	우연
ブナ		너도밤나무
原生林	げんせいりん	원생림
多種多様[な]	たしゅたよう[な]	다종다양한
動植物	どうしょくぶつ	동식물
使い道	つかいみち	용도, 사용법

木材	もくざい	목재
狭める	せばめる	좁히다
保護[する]	ほご[する]	보호[하다]
巣作り	すづくり	둥지 짓기
ねぐら		보금자리
天然記念物	てんねんきねんぶつ	천연기념물
危ぐ[する]	きぐ[する]	걱정[하다], 염려하고 두려워하다
種[絶滅危ぐ～]	しゅ[ぜつめつきぐ～]	종[멸종위기 ~]
世界自然遺産	せかいしぜんいさん	세계자연유산
自然遺産	しぜんいさん	자연유산
農地	のうち	농지
拡大[する]	かくだい[する]	확대[하다]
変動[する]	へんどう[する]	변동[하다]
絡みあう	からみあう	얽히다
持続[する]	じぞく[する]	지속[하다]
食糧	しょくりょう	식량
清聴	せいちょう	경청, 남의 이야기를 들음(존경)
砂浜	すなはま	모래사장
打ち寄せる	うちよせる	밀어닥치다, 밀려오다
現状	げんじょう	현상, 현황
街並み	まちなみ	거리
故郷	こきょう	고향
たびたび		여러 번, 자주
自国	じこく	자국
引き寄せる	ひきよせる	끌어당기다, 끌다, 유인하다
事例	じれい	사례

文法・練習

国内	こくない	국내
実り	みのり	결실
学力	がくりょく	학력
努力家	どりょくか	노력가
非常時	ひじょうじ	비상시
本店	ほんてん	본점

閉店[する]	へいてん[する]	폐점[하다]
ワールドカップ		월드컵
転ばぬ先の杖	ころばぬさきのつえ	넘어지기 전의 지팡이(유비무환)
杖	つえ	지팡이
朝令暮改	ちょうれいぼかい	조령모개(법령을 자꾸 고쳐서 갈피를 잡기 가 어려움을 이르는 말)
品	しな	물건, 상품
愛情	あいじょう	애정
引っ張る	ひっぱる	잡아 끌다, 당기다, 이끌다
進む[調べが〜]	すすむ[しらべが〜]	나아가다, 진행되다[조사가 ~]
機器	きき	기기
薄れる[悲しみが〜]	うすれる[かなしみが〜]	엷어지다, 줄어들다[슬픔이 ~]
高まる[緊張が〜]	たかまる[きんちょうが〜]	높아지다, 고조되다[긴장이 ~]
染まる	そまる	물들다
訪ねる	たずねる	찾다, 방문하다
イエス		예스, yes
真偽	しんぎ	진위
火災	かさい	화재
スプリンクラー		스프링쿨러
設置[する]	せっち[する]	설치[하다]
義務[づける]	ぎむ[づける]	의무[를 지게 하다], 의무화하다
通学[する]	つうがく[する]	통학[하다]
親友	しんゆう	친우, 친구
食物	しょくもつ	음식물
社会科	しゃかいか	사회과
地理	ちり	지리
ジュードー		쥬도(유도)
ニンジャ		닌자
ホストファミリー		호스트 패밀리
フナずし		붕어초밥
ドリアン		두리안(열대과일)

問題

農家	のうか	농가

蓄える	たくわえる	저장하다, 쌓다, 비축하다
蒸発[する]	じょうはつ[する]	증발[하다]
洪水	こうずい	홍수
仲人	なこうど	중매인
河口	かこう	하구, 강어귀
カキ		굴
漁師	りょうし	어부
栄養分	えいようぶん	영양분
循環[する]	じゅんかん[する]	순환[하다]
サケ		연어
取り込む	とりこむ	흡수하다, 섭취하다
まさに[その時]	[そのとき]	바야흐로[그 때]
見守る	みまもる	지켜보다
消費[する]	しょうひ[する]	소비[하다]
電化製品	でんかせいひん	전기제품
照明器具	しょうめいきぐ	조명기구
蛍光灯	けいこうとう	형광등
風通し	かぜとおし	통풍

それがきっかけで…ようになりました。　그것이 계기가 되어…게 되었습니다.

さて、～ではどうでしょうか。　그럼, ～는 어떻습니까?

화제를 돌린다

(悲(かな)しい)ことに、……。　안타깝게도….

앞으로 말하는 것에 대한 화자의 심정을 (전조로서) 말한다

イソップ物語(ものがたり)	이솝의 작품으로 전해지는 우화집.
メソポタミア	메소포타미아.
アラル海(かい)	아랄 해.
和田英太郎(わだえいたろう)	일본의 지구 과학자. 1939-.
秋田(あきた)	동북 지방 서부, 일본해에 임해 있는 현.

シェークスピア	영국의 극작가 · 시인 . 1564-1616.
『ハムレット』	셰익스피어의 4 대 비극의 하나 .
慶應義塾大学(けいおうぎじゅくだいがく)	사립 대학의 하나 . 후쿠자와 유키치가 창설 .
福沢諭吉(ふくざわゆきち)	사상가 · 교육가 . 1834-1901.
ピラミッド	피라미드 .
ナスカの地上絵(ちじょうえ)	페루 고원의 지표면에 그려진 기하학 도형 , 동식물 그림 .
ネッシー	영국 스코틀랜드 지방의 네스 호에 서식한다는 괴물 .
バミューダ・トライアングル	미국 플로리다 반도 남단과 푸에르토리코, 버뮤다를 잇는 삼각형의 해역 . 옛부터 선박이나 비행기가 사라진다는 전설이 있다 .

제 24 과

読む・書く

型	かた	틀
はまる[型に～]	[かたに～]	박히다[틀에 ~]
好奇心	こうきしん	호기심
忍耐[力]	にんたい[りょく]	인내[력]
就職試験	しゅうしょくしけん	취직시험
面接[する]	めんせつ[する]	면접[보다]
約束事	やくそくごと	약속한 사항
守る[約束を～]	まもる[やくそくを～]	지키다[약속을 ~]
服装	ふくそう	복장
TPO	ティーピーオー	TPO(장소, 상황에 따라 복장이나 행동, 말을 다르게 하는 일)
[お]能	[お]のう	노(일본 전통예능)
破る[型を～]	やぶる[かたを～]	깨다[틀, 형식을 ~]
とかく		아무튼, 어쨌든
見渡す	みわたす	바라보다, 둘러보다
あらざるもの		없는 것
衣類	いるい	의류
しばり上げる	しばりあげる	꽁꽁(단단히) 묶다
人跡	じんせき	인적
絶える	たえる	끊어지다
山奥	やまおく	깊은 산속
面倒くさい	めんどうくさい	성가시다, 귀찮다
こんがらかる		뒤얽히다, 헝클어지다
糸	いと	실
ズタズタ[に]		토막토막, 갈기갈기
切りさく	きりさく	난도질하다
社会人	しゃかいじん	사회인
たる[社会人～]	[しゃかいじん～]	~로서의 자격(입장)을 갖추고 있는, ~인[사회인 ~]
なんといおうと		뭐라 말하든, 뭐라 하건
不自由[な]	ふじゆう[な]	부자유[스러운], 자유롭지 못한

うらやむ		부러워하다
天才	てんさい	천재
話相手	はなしあいて	이야기 상대, 말벗
そうかといって		그렇다고 해서
まぎらわす		달래다
切実[な]	せつじつ[な]	절실[한]
たより		의지함, 의지하는 사람 또는 물건
茶杓	ちゃしゃく	차 숟가락
一片	いっぺん	일편, 한 조각
肉体	にくたい	육체
まかせきる		완전히 맡기다
愛用[する]	あいよう[する]	애용[하다]
滅びる	ほろびる	멸망하다, 없어지다
鐘[お寺の～]	かね[おてらの～]	종[절의 ～]
余音	よいん	여음, 여운
とどめる		남기다, 머무르게 하다
後の[～人々]	のちの[～ひとびと]	뒷, 훗[～사람]
おろか[な]		어리석음[은], 바보스러움[운]
しのぶ		그리워하다, 연모하다, 회상하다
でっち上げる	でっちあげる	날조하다, 만들어 내다
唯一	ゆいいつ	유일
近づく[利休へ～]	ちかづく[りきゅうへ～]	접근하다, 닮아가다[리큐에 ～]
ほんと		정말, 사실, 진실
けっとばす		차 버리다, 걷어차다
たしなみ		소양, 마음가짐
もと[間違いの～]	[まちがいの～]	근원[실수, 잘못의 ～]
後世	こうせい	후세
残す[後世へ～]	のこす[こうせいへ～]	남기다[후세에 ～]
凡人	ぼんじん	범인, 보통 사람
獲得[する]	かくとく[する]	획득[하다]

話す・聞く

制作会社	せいさくがいしゃ	제작회사

志望[する]	しぼう[する]	지망 (지원) [하다]
志望動機	しぼうどうき	지망 (지원) 동기
意志	いし	의지
告げる	つげる	고하다, 알리다
当社	とうしゃ	당사
御社	おんしゃ	귀사
事業	じぎょう	사업
農産物	のうさんぶつ	농산물
調達[する]	ちょうたつ[する]	조달[하다]
確保[する]	かくほ[する]	확보[하다]
win-win[な]	ウィンウィン[な]	윈윈[의], 모두에게 유리한, 모두가 득을 보는
感銘[する]	かんめい[する]	감명[하다]
弊社	へいしゃ	폐사
カップ麺	カップめん	컵라면
出会い	であい	만남
香り	かおり	향
衝撃的[な]	しょうげきてき[な]	충격적[인]
自炊[する]	じすい[する]	자취[하다]
レトルト食品	レトルトしょくひん	레토르트 식품
手に入る	てにはいる	손에 들어오다, 입수하다, 살 수 있다
贅沢[な]	ぜいたく[な]	사치[스러운]
なるほど		그렇군요
ついていく[授業に〜]	[じゅぎょうに〜]	따라가다[수업에 ~]
流れる[コマーシャルが〜]	ながれる	흐르다, 나오다[광고가 ~]
科学技術	かがくぎじゅつ	과학기술
就く[仕事に〜]	つく[しごとに〜]	종사하게 되다[일에 ~], 취업 (취직) 하다
携わる	たずさわる	종사하다
職種	しょくしゅ	직종
専門性	せんもんせい	전문성
専攻[する]	せんこう[する]	전공[하다]
アミノ酸	アミノさん	아미노산
卒論	そつろん	졸업논문
応用[する]	おうよう[する]	응용[하다]

実績	じっせき	실적
医薬品	いやくひん	의약품
化粧品	けしょうひん	화장품
健康食品	けんこうしょくひん	건강식품
積む[経験を～]	つむ[けいけんを～]	쌓다[경험을 ~]
突っ込む	つっこむ	깊이 파고들다, 추궁하다
切り返す	きりかえす	되받아치다
インストラクター		인스트럭터, 지도원, 훈련 담당자
配属[する]	はいぞく[する]	배속[하다]
配偶者	はいぐうしゃ	배우자
短所	たんしょ	단점
長所	ちょうしょ	장점
適性	てきせい	적성
有無	うむ	유무
否定的[な]	ひていてき[な]	부정적[인]

文法・練習

許す	ゆるす	용서하다
ねじ		나사
人工衛星	じんこうえいせい	인공위성
J-pop	ジェー・ポップ	일본가요
当店	とうてん	당점, 우리 가게
ジャンル		장르
胸[母親の～]	むね[ははおやの～]	가슴[어머니 ~]
座り込む	すわりこむ	주저앉다, 들어앉다
協力[する]	きょうりょく[する]	협력[하다]
別れ[永遠の～]	わかれ[えいえんの～]	이별[영원의 ~]
神	かみ	신
ウォーター		워터, 물
開店[する]	かいてん[する]	개점[하다]
チーズ		치즈
やぎ乳	やぎにゅう	염소젖
非常用	ひじょうよう	비상용
何とかなる	なんとかなる	어떻게든 되다

グラウンド		그라운드
前方	ぜんぽう	전방
出る[結論が～]	でる[けつろんが～]	나오다[결론이 ~]
了承[する]	りょうしょう[する]	양해[하다]
起こす[行動を～]	おこす[こうどうを～]	일으키다[행동을 ~]
銭湯	せんとう	대중목욕탕
下駄	げた	게다, 일본의 나막신
押し切る	おしきる	강행하다, 무릅쓰다
励む	はげむ	힘쓰다, 노력하다
昔々	むかしむかし	옛날 옛적
失恋[する]	しつれん[する]	실연[하다]
熱心[な]	ねっしん[な]	열심[히]
恐怖	きょうふ	공포
沈黙	ちんもく	침묵

問題

就職活動	しゅうしょくかつどう	취직활동
比較[する]	ひかく[する]	비교[하다]
従事[する]	じゅうじ[する]	종사[하다]
推薦[する]	すいせん[する]	추천[하다]
TOEIC	トーイック	토익, 영어시험
全力	ぜんりょく	전력
運営[する]	うんえい[する]	운영[하다]
履歴書	りれきしょ	이력서
特技	とくぎ	특기
給与	きゅうよ	급여
岐路	きろ	기로
最寄り	もより	가장 가까움, 근처
道筋	みちすじ	지나가는 길, 코스
ルート		루트, 경로, 노선
仕事場	しごとば	일터, 작업장
遠回り	とおまわり	멀리 돌아감, 우회함
飲み会	のみかい	회식
選択[する]	せんたく[する]	선택[하다]

彼我	ひが	피아 (그와 나, 저편과 이편)
効率	こうりつ	효율
優先[する]	ゆうせん[する]	우선 [하다]
通行[する]	つうこう[する]	통행 [하다]
長い目	ながいめ	긴 (장기적) 안목
人柄	ひとがら	인품
帰結	きけつ	귀결
旅路	たびじ	여로, 여행길
いつしか		어느 덧, 어느 사이에
昆虫採集	こんちゅうさいしゅう	곤충채집
昆虫	こんちゅう	곤충
蝶道	ちょうどう	나비가 나는 정해진 길
網	あみ	그물, 망
構える	かまえる	자세를 취하다
アゲハチョウ		호랑나비
木立	こだち	나무 숲
暗がり	くらがり	어두운 곳
日照	にっしょう	일조, 햇볕이 내리 쬠
食草	しょくそう	곤충의 먹이가 되는 식물
メス		암컷
待ち構える	まちかまえる	(준비를 다하고) 기다리다, 대기하다
収める	おさめる	거두다, 손에 넣다
理屈	りくつ	도리, 이치
虫網	むしあみ	잠자리채, 곤충채집채

…ことに感銘(かんめい)を受(う)け、ぜひ御社(おんしゃ)で働きたいと思いました。　…것에 감명을 받아, 꼭 귀사에서 일하고 싶다고 생각했습니다.

취직시험에서 지원 동기를 말한다

確(たし)かに……。しかし、……。　분명 (/ 확실히)…. 하지만 ….

상대에게 동조한 후에 새롭게 자신의 의견을 말한다

利休　　아즈치 모모야마 시대의 다인(다도를 정립한 인물). 오다 노부나가, 도요토미 히데요시를 받들었다. 1522-1591.

世阿弥　　무로마치 시대 전기의 연기자이자 이론가로서 노(일본 전통 가무극)의 체계를 완성했다. 1363-1443.

白洲正子　　수필가. 1910-1998.

プッチーニ　　이탈리아의 작곡가. '나비 부인' 등을 작곡. 1858-1924.

문법플러스알파

当日	とうじつ	당일
水不足	みずぶそく	물부족
制限[する]	せいげん[する]	제한[하다]
みな / みんな		모두
移民[する]	いみん[する]	이민[하다]
人権	じんけん	인권
最低	さいてい	최저
欠席[する]	けっせき[する]	결석[하다]
和菓子	わがし	화과자, 일본과자
割引[～料金]	わりびき[～りょうきん]	할인[～ 요금]
休館	きゅうかん	휴관
クリニック		클리닉
診療科	しんりょうか	진료과
総合病院	そうごうびょういん	종합병원
病状	びょうじょう	병상, 병세
無口[な]	むくち[な]	과묵[한]
楽観的[な]	らっかんてき[な]	낙관적[인]
農村	のうそん	농촌
プライド		프라이드, 자존심
傷つきやすい	きずつきやすい	상처받기 쉽다
ハンドバッグ		핸드백
昨晩	さくばん	어젯 밤
職場	しょくば	직장
寝不足	ねぶそく	수면부족
ダイヤ		열차 운행표
大幅[な]	おおはば[な]	큰 폭[의], 대폭적인
乱れる	みだれる	흐트러지다
はやる		유행하다, 만연하다
待合室	まちあいしつ	대기실, 대합실
混雑[する]	こんざつ[する]	혼잡[하다]

市内	しない	시내
直行便	ちょっこうびん	직행편
百薬	ひゃくやく	백약
退院[する]	たいいん[する]	퇴원[하다]
止む	やむ	멈추다, 그치다, 멎다
観客	かんきゃく	관객
未成年	みせいねん	미성년
一人暮らし	ひとりぐらし	혼자 사는 것
批判[する]	ひはん[する]	비판[하다]
横になる	よこになる	눕다
宝石	ほうせき	보석
言い当てる	いいあてる	알아 맞히다
言い終わる	いいおわる	끝까지 말하다
申請[する]	しんせい[する]	신청[하다]
ボトム・アップ方式	ボトム・アップほうしき	보텀 업 방식(밑에서 위로 올라가는 방식)
方式	ほうしき	방식
ついでに		~하는 김에
保つ	たもつ	유지하다
周囲	しゅうい	주위
抱きしめる	だきしめる	껴안다, 끌어안다
代わる	かわる	대신하다
燃料	ねんりょう	연료
支援者	しえんしゃ	지원자
声援[する]	せいえん[する]	성원[하다]
先立つ	さきだつ	앞서다, 앞장서다
両家	りょうけ	양가
親族	しんぞく	친족
起業[する]	きぎょう[する]	사업을 일으키다, 창업하다
食生活	しょくせいかつ	식생활
成人病	せいじんびょう	성인병
治療[する]	ちりょう[する]	치료[하다]
統廃合	とうはいごう	통폐합
都市整備	としせいび	도시 정비

急ピッチ	きゅうピッチ	급피치, 빠른 속도
実話	じつわ	실화
さんざん		몹시, 심하게
賃貸	ちんたい	임대
免除[する]	めんじょ[する]	면제[하다]
暗算[する]	あんざん[する]	암산[하다]
スピード		스피드
反する	はんする	반하다
マニフェスト		선언, 성명서, 공약문서
掲げる	かかげる	내걸다, 달다, 내세우다
堅苦しい	かたくるしい	엄격하다, 딱딱하다
ざっくばらん[な]		솔직한, 숨김없는
ワサビ		와사비
車種	しゃしゅ	차종
問う	とう	묻다
高額	こうがく	고액
買い取り	かいとり	매입
停滞[する]	ていたい[する]	정체[되다]
中心	ちゅうしん	중심
理系	りけい	이과계
学部	がくぶ	학부
墓地	ぼち	묘지
めぐる		둘러싸다
長男	ちょうなん	장남
次男	じなん	차남
法廷	ほうてい	법정
争う	あらそう	싸우다
何事	なにごと	무슨 일
真心	まごころ	진심
合計	ごうけい	합계
ぺらぺら		유창한 모양
万能	ばんのう	만능
必修科目	ひっしゅうかもく	필수과목

必修	ひっしゅう	필수
単位	たんい	단위, 학점
チヂミ		부침개
戦前	せんぜん	전쟁 전
公表[する]	こうひょう[する]	공표[하다]
夕食	ゆうしょく	저녁식사
次回	じかい	차회, 다음 번
校外学習	こうがいがくしゅう	교외 학습
定休日	ていきゅうび	정기휴일
集い	つどい	모임
気	き	기, 기색, 기운
まね		흉내
コーヒー豆	コーヒーまめ	커피콩, 원두
豆	まめ	콩
傷だらけ	きずだらけ	상처투성이
案	あん	안
熱っぽい	ねつっぽい	열이 있는 듯하다, 열정적이다
放送局	ほうそうきょく	방송국
わが社	わがしゃ	우리 회사
金持ち	かねもち	부자, 재산가
漫才	まんざい	만담
コンビ		콤비
解く	とく	풀다
一応	いちおう	일단
渇く	かわく	마르다
祈る	いのる	빌다
立地[～条件]	りっち[～じょうけん]	입지[～조건]
週休	しゅうきゅう	주휴
～制	～せい	～제
国家	こっか	국가
劣る	おとる	뒤떨어지다
迷路	めいろ	미로
一面	いちめん	일면
見張る	みはる	눈을 크게 뜨고 보다

ライフスタイル		라이프 스타일
身勝手[な]	みがって[な]	제멋대로[인], 염치없는
勝手[な]	かって[な]	멋대로[인]
定期的[な]	ていきてき[な]	정기적[인]
肥料	ひりょう	비료
顔色	かおいろ	안색
食べかけ	たべかけ	먹다 만
氷	こおり	얼음
やりぬく		끝까지 해내다, 완수하다
政治犯	せいじはん	정치범
逮捕[する]	たいほ[する]	체포[하다]
強いる	しいる	강요하다
見事[に]	みごと[に]	훌륭[히]

제 2 부

문법해설

제 13 과

読む・書く

1. 来日し**たて**の頃、いつもリュックに辞書を詰めて、池袋の街を歩きながら、看板を解読していた。

「～たて」는 사태가 발생한 직후임을 나타냅니다. 그리고 그 직후의 사물을「新鮮だ (신선하다), 未熟だ (미숙하다)」등의 성격을 띠는 말로 표현합니다.

① 田中さんはまだ入社したてですから、この会社のことがよく分かりません。
　다나카 씨는 아직 입사한지 얼마 안 되어서, 이 회사에 대해 잘 모릅니다.

② 結婚したての頃、夫はどんな料理でも「おいしい」と言って食べてくれた。
　갓 결혼했을 무렵, 남편은 어떤 음식이든 '맛있어' 하며 먹어주었다.

③ しぼりたての牛乳はおいしい。
　방금 짠 우유는 맛있다.

2. **たとえ**「月極」と書いてあっ**ても**、ぼくの内なる声は読み違えたりしない。

「たとえ～ても」는 극단적인 예를 임시로 가정하고, 그런 경우라도 다음의 결과에 이른다는 것을 나타냅니다. 그리고, 극단적인 예와 유사한 다른 모든 경우에도 동일한 결과에 이른다는 것을 암시하며「どんな場合であっても～」의 뉘앙스를 더합니다.

① たとえ今回の実験に失敗しても、またチャレンジするつもりだ。
　설령 이번 실험에 실패해도 다시 도전할 작정이다.

② たとえ大きな地震が起きても、壊れない丈夫な家が欲しい。
　가령 큰 지진이 일어나도 허물어지지 않는 튼튼한 집을 갖고 싶다.

③ たとえ値段が高くても、質が良ければ売れるはずだ。
　설사 가격이 비싸도 질이 좋으면 팔릴 것이다.

な형용사・명사에 접속할 경우「たとえ～でも」의 형태가 됩니다.

④ たとえ貧乏でも、家族が健康で一緒にいられれば幸せだ。
　설령 가난해도 가족이 건강하게 함께 있을 수 있다면 행복하다.

3. たとえ「月極」と書いてあっても、ぼくの内なる声は読み違え**たりしない**。

「～たりしない」는 극단적인 것을 하지 않는다는 것을 나타냅니다.「普通は～する」라고 생각되는데「～しない」라는 의외의 결합이 성립되어, 그 의외의 결합으로부터 유추되는 내용을 표현할 때 사용합니다.

① あの社長は一度やると決めたら、何があってもやめたりしない。

그 사장은 한번 하겠다고 결정하면 무슨 일이 있어도 그만두거나 하지 않는다.

② お母さん、怒らない？

…試験の点数なんかで怒ったりしませんよ。

엄마, 화 안 내?

…시험 점수 따위로 화내거나 하지 않아요.

4. のみこむのに苦労した日本語は、佃煮にする**ほど**あった。

V 사전형
N
いA
なA　ーな
} **＋　ほど**

「〜ほど…」는 극단적인 예 「〜」를 들며 「…」의 정도가 심함을 비유적으로 나타냅니다. 가령, ①에서는 「涙が出る」라는 극단적인 예를 들며 「このカレーは辛い」의 정도가 심함을 비유적으로 표현하고 있습니다.

① このカレーは涙が出るほど辛い。

이 카레는 눈물이 나올 정도로 맵다.

② 昨夜はシャワーを浴びずに寝てしまうほど疲れていた。

어젯밤에는 샤워를 안 하고 자버릴 정도로 피곤했다.

③ 今年は暖かかったので捨てるほどミカンがとれた。

이번 겨울은 따뜻했기 때문에 귤이 남아돌 만큼 수확됐다.

ない형에도 접속합니다.

④ 入学試験の結果がなかなか届かない。夜眠れないほど心配だ。

입학 시험 결과가 좀처럼 오지 않는다. 밤에 잠을 못 잘 정도로 걱정된다.

い형용사・な형용사에도 접속합니다.

⑤ 妻は若い頃、まぶしいほどきれいだった。

아내는 젊은 시절, 눈이 부실 정도로 아름다웠다.

⑥ 彼は異常なほどきれい好きだ。

그는 이상하리만큼 깔끔한 것을 좋아한다.

회화체에서는 「くらい」를 사용하는 경우도 있습니다. 「くらい」쪽이 다소 격의 없는 뉘앙스입니다.

⑦ あの先生に教えてもらうと、不思議な｛ほど／くらい｝よく分かる。
저 선생님에게 배우면 신기할 정도로 이해가 잘 된다.

話す・聞く

13

5. いずみさんの結婚式でスピーチをした**んだって**？

「…んだって？」는,「…んだ（＝のだ）」와 전문（伝聞）의「…って（＝そうだ）」가 결합된 표현으로 격의 없는 회화체에서 사용됩니다.

① 大学院の試験に合格したんだって？ おめでとう。
대학원 시험에 합격했다며？ 축하해.

② 山田さん、会社を辞めるんだって？
…ええ。辞めて何をするんでしょう。
야마다 씨, 회사 그만둔다면서？
…네, 그만두고 뭘 하는 걸까요？

6. 大阪に住んでい**ながら**、まだお好み焼きを食べたことがないんです。

Vます형
N／なA ｝ **＋ ながら**
いA

「XながらY」는「Xならば普通はYない」라고 하는 예상・기대에 어긋나는「X」와「Y」를 연결시켜「X이지만 Y」라는 역접을 표현합니다. X에는 동작동사의 ている형, 상태동사, ない형이 옵니다.

① あの人は、医者でありながら、健康に悪そうなものばかり食べている。
저 사람은 의사이면서 건강에 나빠 보이는 것만 먹고 있다.

② 先生は、事件のことを知っていながら、何も言わなかった。
선생님은 사건을 알고 있으면서 아무 말도 하지 않았다.

③ 甘いものはいけないと思いながら、目の前にあると食べてしまうんです。
단 것은 안 된다고 생각하면서 눈앞에 있으면 먹어 버립니다.

「ながらも」를 써서, 보통 있을 수 없는 관계임을 강조합니다.

④ 彼は日本語がほとんど話せないながらも、身ぶりで言いたいことを伝えようとしていた。
그는 일본어를 거의 못하면서도 몸짓으로 말하고 싶은 것을 전하려 하고 있었다.

7. **つまり**、歌って暮らせばいいことがいっぱいある**ってことです。**

つまり、{ V / いA } 보통형 ; { なA / N } 보통형 [ーだ] + という／ってことだ

「つまり」는 「…ということだ」라는 문말 표현과 함께 써서 설명을 알기 쉽게 요약할 때 사용합니다.

① この大学の学生は約1万人で、うち留学生は約1,000人である。つまり、1割は留学生ということだ。
이 대학의 학생은 약 만 명이며, 그 중 유학생은 약 1,000명이다. 즉, 10%는 유학생이라는 뜻이다.

② 休暇は1年に12日あります。つまり、1か月に1日は休めるということです。
휴가는 1년에 12일 있습니다. 즉, 한 달에 하루는 쉴 수 있다는 것입니다.

③ 僕の父と太郎のお父さんは兄弟だ。つまり、僕と太郎はいとこ同士ってことだ。
나의 아버지와 타로의 아버지는 형제다. 즉, 나와 타로는 사촌 사이라는 뜻이다.

보충 설명을 위해 단어나 문장을 다른 말로 대체하는 경우도 있습니다.

④ あの人は私の大叔父、つまり祖父の弟だ。
저 사람은 나의 작은 할아버지, 즉 할아버지의 남동생이다.

⑤ この会社は社長の息子が次の社長になることになっている。つまり、私たち社員は頑張っても社長になれないということだ。
이 회사는 사장 아들이 다음 번 사장이 되게 되어 있다. 즉, 우리 사원은 열심히 일해도 사장이 될 수 없다는 뜻이다.

「つまり」로 시작하는 문장 끝에 「のだ」등이 쓰이기도 합니다. 이 경우의 「のだ」는 앞에서 서술한 것을 다른 말로 바꾸어 말하는 (환언) 표현입니다.

⑥ このサイトは、会員以外のお客様にはご覧いただけないことになっている。つまり、会員限定のサイトなのだ。
이 사이트는 회원 이외의 고객은 볼 수 없게 되어 있다. 즉, 회원 한정의 사이트인 것이다.

8. 「辛党」は「甘党」の反対だと思ってたの**よね**。

V
いA
なA
N
} **보통형／정중형 ＋ よね。**

「…よね」는 화자，청자 모두 알고 있는 사실에 대해 새롭게 확인하여 공감을 구하고자 할 때 사용합니다．

① 冬の寒い朝ってなかなかベッドから出られないよね。…うん。
겨울의 추운 아침은 좀처럼 침대에서 나오지 못하겠지？… 응．

② パーティーは楽しいけど、帰るときが寂しいんですよね。…そうですよね。
파티는 즐겁지만 돌아갈 때가 허전하지요？… 그렇죠．

③ ポテトチップスって食べ始めると、なかなかやめられないんだよね。…本当に。
감자칩은 먹기 시작하면 좀처럼 멈출 수가 없지？… 맞아．

제 14 과

読む・書く

1. テレビアニメの魅力(みりょく)を考える**際(さい)**、マンガの存在(そんざい)を無視(むし)して語ることはできない。

「～際」는「～とき」와 거의 유사한 뜻이지만, 주로 문장체에서 쓰입니다.

① 外出の際、必(かなら)ずフロントに鍵(かぎ)をお預(あず)けください。
　외출 시 반드시 프런트에 열쇠를 맡겨 주세요.

② ＰＣをお使いの場合は、チェックインの際、必ずお申(もう)し出(で)ください。
　PC를 사용하실 경우에는 체크인 시, 반드시 신청해 주세요.

2. そのどれもが、『ドラゴンボール』**といった**ヒット作品をめざしている。

「N_1などのようなN_2」의 의미로, N_1이 N_2의 구체적인 예임을 나타냅니다. N_1 이외에도 다른 예가 있음을 암시합니다.

① 5月5日(ごがついつか)には「ちまき」「かしわもち」といった昔(むかし)からの菓子(かし)を食べる習慣(しゅうかん)がある。
　5월 5일에는 '치마키' '가시와모치'와 같은 옛날 과자를 먹는 관습이 있다.

② この大学にはルーマニア、ポーランドといった東ヨーロッパからの留学生(りゅうがくせい)が多い。
　이 대학에는 루마니아, 폴란드 등 동유럽에서 온 유학생이 많다.

3. 1秒(びょう)にも満(み)たない動作(どうさ)の間に主人公(しゅじんこう)の頭に浮(う)かんだ光景(こうけい)が10分間**に(も)わたって**描(えが)かれる。

「～に(も)わたって」는 화자가 '시간의 범위가 길다' '장소의 범위가 넓다'고 느낄 때 사용하는 표현입니다.

① 手術(しゅじゅつ)は3時間にわたって行われた。
　수술은 3시간에 걸쳐 진행되었다.

② 砂漠(さばく)は東西450キロにわたって広がっている。
　사막은 동서 450킬로에 걸쳐서 펼쳐져 있다.

술어로 오는 동사는, 어느 범위에서 일제히 일어나는 사태나 상태, 지속이 가능한 동사입니다.

③ 東京(とうきょう)から大阪(おおさか)にわたる広い地域(ちいき)で地震(じしん)があった。
　도쿄에서 오사카에 이르는 넓은 지역에서 지진이 있었다.

④　パンフレットには投資の方法について詳細にわたって説明されている。

팸플릿에는 투자 방법에 대해서 상세하게 설명되어 있다.

「～から～にわたって」는 대략적인 장소의 범위를 나타내므로, 확실한 범위를 나타내는「～から～まで」와는 뉘앙스가 다릅니다.

⑤　駅前から商店街にわたって水道工事中だ。

역 앞에서 상가에 걸쳐서 수도 공사 중이다.

4. 年月を経る**うちに**、今やアニメはなくてはならない娯楽となっている。

V 사전형／ている　＋　うちに

「～うちに…」는「繰り返し～すること（반복）」「ずっと～すること（계속）」에 의해, 뒤의 사태「…」에 저절로 이르는 것을 나타냅니다.「～」는「ている」「続ける」등 반복・계속을 나타내는 표현입니다.

①　3年間ずっとアルバイトとして働くうちに、仕事を認められて社員になることができた。

3년간 계속 아르바이트로 일하는 동안, 일을 인정받아 사원이 될 수 있었다.

「…」는「になる」「てくる」등 변화・사건의 출현을 나타내는 표현 외에「てしまう」가 오기도 합니다.

②　10年にわたり観察しているうちに、パンダの特徴がよく分かってきた。

10년에 걸쳐 관찰하는 동안에 판다의 특징을 잘 알게 되었다.

③　この時計は、使っているうちに、自然に動かなくなってしまった。

이 시계는 쓰던 중에 자연스럽게 움직이지 않게 돼 버렸다.

5. 子どもたち**にとって**生まれたときから存在しているアニメは、今やなくてはならない娯楽となっている。

N　＋　にとって…

「～にとってXはYだ」는 '～의 입장에서 보면, X는 Y라고 말할 수 있다'는 의미를 나타냅니다. 예를 들어 ①에서는「十分な睡眠は欠かせないものだ」라는 특징에 해당되는 것이「赤ちゃん」이라는 것을 나타냅니다.「～」는 특징을 판단하는 사람・조직 등이 오며, 판단・인식・감각을 나타내는 형용사문・명사문에서 사용됩니다.

① 赤ちゃんにとって十分な睡眠は欠かせないものだ。

아기에게 있어 충분한 수면은 없어서는 안 되는 것이다.

② ビールが嫌いな私にとって、それはただの苦い飲み物だ。

맥주를 싫어하는 나에게 그것은 그저 씁쓸한 음료이다.

③ 植物にとって光と水は重要なものだ。

식물에게 있어 빛과 물은 중요한 것이다.

6. 海外で日本のテレビアニメが受けるわけ**とは**何だろうか。

N ＋ とは

「～とは」는, 청자가 모를 것이라고 생각하는 사물의 성질이나 특징을 설명하여 정의하거나 다른 말로 바꿔 말할 때 사용합니다.

① 「デジカメ」とはデジタルカメラのことです。

'데지카메'란 디지털 카메라를 말합니다.

② 「負けるが勝ち」とは、相手を勝たせるほうが、結局は自分が得をすることがあるということだ。

'지는 게 이기는 것'이란, 상대를 이기게 하는 것이 결국은 자신에게 득이 된다는 것을 뜻한다.

회화체에서는「～って」「～というのは」의 형태로 쓰입니다.

③ 「デジカメ」{って／というのは} デジタルカメラのことだよ。

'데지카메' 란 디지털 카메라를 말해.

정의를 알고 있는 경우라도 화자가 다른 해석을 강조하고 싶을 때「とは」를 사용합니다.

④ 彼女にとって家族とはいったい何か。

그녀에게 있어 가족이란 도대체 무엇인가.

7. 日本**において**マンガでヒットするということは、ブラジルにおいてプロサッカー選手になるがごとくである。

N ＋ において

「～において…」는「で」의 격식 차린 형태로, 사건「…」가 일어나는 시간이나 장소를 나타냅니다.

① 地域社会において今どのような問題があるかをさまざまな立場から分析した。

지역 사회에서 지금 어떤 문제가 있는지를 다양한 입장에서 분석했다.

② 江戸時代においてもっとも力を持っていたのは誰だろうか。

에도 시대에 가장 힘을 지녔던 자는 누구일까.

명사를 수식하는 경우에는「における」「においての」의 형태가 됩니다.

③ この本には現代医学の発展におけるアメリカの役割について書いてある。
　이 책에는 현대 의학의 발전에서의 미국의 역할에 대해서 쓰여 있다.

④ 商品の価格は市場においての需給を反映する。
　상품의 가격은 시장에서의 수급 (수요와 공급)을 반영한다.

또한, 정중한 회화체에서는「〜におきまして」의 형태가 됩니다.

⑤ さきほどの奨学金の説明におきまして一部誤りがありました。おわび申し上げます。
　조금 전 장학금의 설명에서 일부 잘못된 부분이 있었습니다. 사과 드립니다.

8. テレビアニメのおもしろさは保証つきという**わけである。**

V、**いA** } **보통형**
なA、**N** } **보통형** **ーだ → な**
N ＋ という
} **＋ わけだ ／ わけである**

「…わけだ」는 앞부분의 문맥・맥락에서 이미 나온 내용으로부터 추론한 결과「…」라는 것을 나타냅니다. 예를 들면 ①에서는「価格は前と同じだが、20 グラム少なくなっている」라는 정보를 바탕으로 추론한 결과,「実質、値上げをした」라는 결론에 이르렀음을 나타내고 있습니다.

① このチーズは、価格は前と同じだが、20 グラム少なくなっている。値上げをしたわけだ。
　이 치즈는 가격은 전과 동일하지만, 20 그램 적어졌다. 실질적으로 가격이 인상된 셈이다.

② 江戸時代は 1603 年に始まり、1867 年に終わった。260 年余り続いたわけである。
　에도 시대는 1603 년에 시작되어 1867 년에 끝났다. 260 여 년 이어진 셈이다.

또 하나의 용법은, 결과「…」을 먼저 알고 있고, 그 이유와 배경으로 다른 사태를 인식하는 것을 나타내는 경우입니다. 예를 들면 ③에서는 B는 '외국인 관광객이 적다'는 것을 원래 알고 있었고, A로부터 들은 '독감의 유행으로 각국의 사람들이 해외여행을 자제하고 있다고 한다'는 것을 이유・배경으로서 인식했음을 나타내고 있습니다. い형용사・な형용사・「명사＋な」에도 접속합니다.

③ A：「インフルエンザの流行で各国の人々が渡航を控えているらしいよ。」
　B：「外国人の観光客が少ないわけだね。」
　A： 독감의 유행으로 각국의 사람들이 해외여행을 자제하고 있대.
　B： (그래서) 외국인 관광객이 적은 거군.

④ 小川さんは毎日のように、ヨガ、ジャズダンス、マッサージ、スポーツジムに通っている。元気なわけだ。

오가와 씨는 매일같이 요가, 재즈 댄스, 마사지, 스포츠 센터에 다니고 있다. (그래서) 건강한 것이다.

명사에 접속하는 경우, 「N＋というわけだ」가 되는 경우도 있습니다.

⑤ 山下さんは 65 歳で退職してから、散歩とテレビの生活を送っている。毎日が日曜日というわけだ。

야마시타 씨는 65세로 퇴직하고 나서 산책과 텔레비전 생활을 보내고 있다. 매일이 일요일인 셈이다.

9. マンガが作り上げたノウハウがアニメに影響を与え、見ている者を夢中にさせ、続きも見たいという気持ちを起こさせる**のではないだろうか**。

V / いA } **보통형**
なA / N } **보통형 ーだ → な**
} **＋ のではないだろうか**

「…のではないだろうか」는 화자가 「…」라고 생각하지만, 그 진위가 불확실하여 단정할 수 없다고 생각될 때 사용하는 표현입니다.

① 道路を広げる計画には反対意見が多い。実現は難しいのではないだろうか。

도로를 확장하는 계획에는 반대 의견이 많다. 실현은 어려운 것이 아닐까.

② 日本経済の回復には少し時間がかかるのではないだろうか。

일본 경제 회복에는 좀 시간이 걸리지 않을까.

③ 情報が少なすぎて不安だ。もう少し情報がもらえたら、住民も安心できるのではないだろうか。

정보가 너무 적어서 불안하다. 좀 더 정보를 얻을 수 있다면 주민도 안심할 수 있지 않을까.

話す・聞く

10. 『銀河鉄道 999』って、どんな話だった**っけ**？

「…っけ」는 '…인지 아닌지 잊어버렸기 때문에 자신의 기억과 일치하는지, 청자에게 확인' 하는 것을 나타냅니다. 과거의 사실이나 알고 있는 내용이 불확실한 경우, 그것을 확인하는 표현이며 회화체에서만 사용합니다.

① 今日は何曜日だったっけ？

오늘은 무슨 요일이었지?

② 荷物(にもつ)はいつ届(とど)くんだったっけ？

짐은 언제 도착한다고 했지?

③ あれ？田中(たなか)さん、メガネかけてたっけ？

어? 다나카 씨, 안경 썼었나?

11. クレアは鉄郎(てつろう)の温(あたた)かい手に触(ふ)れて、「血(ち)の通(かよ)った体になりたい」って悲(かな)し**げ**に言うんだ。

「～げ」는 '～와 같은 분위기를 갖는다' '～의 모습이 조금 느껴진다'는 것을 나타냅니다. 완전히「～」라고는 말할 수 없지만「～」의 상태에 가깝다는 것을 표현합니다.

① 主人が出かけるとき、うちの犬の表情(ひょうじょう)はいつも悲しげだ。

남편이 외출할 때, 우리 개의 표정은 언제나 슬픈 듯하다.

② 母親は、息子(むすこ)が甲子園(こうしえん)野球大会(やきゅうたいかい)に出ることになったと得意(とくい)げに話していた。

어머니는 아들이 고시엔 야구 대회에 나가게 됐다고 뽐내듯이 말했다.

③ 地震(じしん)の影響(えいきょう)で工場を閉(と)じることになったと説明する社長は悔(くや)しげだった。

지진의 영향으로 공장을 닫게 됐다고 설명하는 사장은 분한 듯했다 (분해 보였다).

제 15 과

読む・書く

1. アリをよく観察すると、働いているアリを横目にただ動き回っているだけのアリたちがいる**という**。

「Xという」는, 전문 (伝聞, 다른 사람이 말하는 내용 X를 전하는 것)을 나타내며 문장체에서 사용합니다.

① 日本で最も古い大学が京都にあるという。
　일본에서 가장 오래된 대학이 교토에 있다고 한다.

② LED電球は省エネ性能や寿命の長さで優れている。普通の電球の8分の1から5分の1の電気代で済み、寿命は40倍あるという。
　LED 전구는 절전 성능이나 수명의 길이가 뛰어나다. 보통 전구의 8분의 1에서 5분의 1의 전기 요금으로 해결되고, 수명은 40배 된다고 한다.

2. スタープレイヤーを集めたチームがまったく優勝にからめなかったりする**たびに**、この法則はかなり当たっているのではないかという気がしてくる。

「～たびに」는「～と、いつもそのときには」라는 의미입니다.

① 隣のうちのお嬢さんは会うたびにきれいになっている。
　옆집 아가씨는 만날 때마다 예뻐지고 있다.

② 欧米では転職するたびに給料が上がるというが、日本では必ずしもそうではない。
　서양에서는 전직할 때마다 월급이 오른다고 하지만, 일본에서는 반드시 그런 것은 아니다.

명사에 접속할 경우는「～のたびに」가 됩니다.

③ 大切な連絡を待っていたので、休み時間のたびにメールをチェックした。
　중요한 연락을 기다리고 있었기 때문에, 쉬는 시간마다 메일을 체크했다.

3. 働きアリ**に関する**有名な研究がある。

N ＋ に関する／関して／関しての

「～に関して」은「～」의 내용을 나타냅니다.

① 今回の講演会に関してご意見のある方はこの紙に書いて出口の箱にお入れください。
　이번 강연회에 관해서 의견 있으신 분은 이 종이에 적어 출구의 상자에 넣어 주세요.

② このレポートでは、日本経済の現状に関して説明する。

이 보고서는 일본 경제의 현상에 관해서 설명한다.

「〜に関して」는「〜について」와 거의 같은 뜻이지만「〜について」보다 문장체적인 표현입니다.

③ ねえ、田中さん。弟がコンピューターが安い店 {○について／×に関して} 聞きたいって言ってるんだけど、教えてあげてくれない？ (회화체)

저기 있잖아, 다나카 씨. 남동생이 컴퓨터가 싼 가게에 대해서 물어보고 싶다는데, 가르쳐 주지 않을래?

연체 수식 (명사를 수식할 경우)의 경우에는「〜に関する」「〜に関しての」의 형태가 됩니다.

④ 東京で環境問題に関する会議が開かれた。

도쿄에서 환경 문제에 관한 회의가 열렸다.

4. 彼らは、一見忙しそうに動いているのだが、えさを担いでいる**わけではない**らしい。

V / いA } **보통형**
なA / N } **보통형 －だ→な**
N ＋ という
} **＋ わけではない**

「…わけではない」는 문맥이나 그 자리의 상황 등에서 일반적으로, 혹은 쉽게 도출할 수 있는 추론「…」을 부정합니다.

① この店は人気があるが、必ずしも毎日大勢の客が入るわけではない。

이 가게는 인기가 있지만, 반드시 매일 많은 손님들이 오는 것은 아니다.

② 宿題はたくさんあるが、今日中に全部しなければならないわけではない。

숙제는 많이 있지만, 오늘 안에 다 해야 하는 것은 아니다.

③ 彼はベジタリアンだが、卵まで食べないわけではないらしい。

그는 채식주의자이지만, 달걀까지 안 먹는 건 아닌 것 같다.

④ この店の商品はどれも安いが、品質が悪いわけではないだろう。安くても良い品もある。

이 가게의 상품은 모두 싸지만 품질이 나쁜 건 아닐 것이다. 싸도 좋은 물건도 있다.

「みんな」「いつも」「必ずしも」「全く」등, 전부라는 의미의 부사를 동반하는 경우가 많습니다.

⑤ 日本人がみんな親切なわけではありません。

일본인이 모두 친절한 것은 아닙니다.

⑥ 姉は会社員だけど、土日がいつも休みなわけじゃないみたいだよ。
언니는 회사원이지만, 토요일과 일요일이 항상 휴무인 건 아닌 것 같아.

⑦ この病気に関する研究は少ないが、全くないわけではない。
이 병에 관한 연구는 적지만 전혀 없는 것은 아니다.

「…わけではない」는 「…」로도 「…ではない」로도 단정할 수 없다는 것을 나타낼 수 있습니다.

⑧ 行きたくないわけじゃないが、行きたいわけでもない。
가기 싫은 것은 아니지만 가고 싶은 것도 아니다.

5. 組織には偉大なる脇役たちがいないと、組織は徐々に疲弊していく**のではないか**。

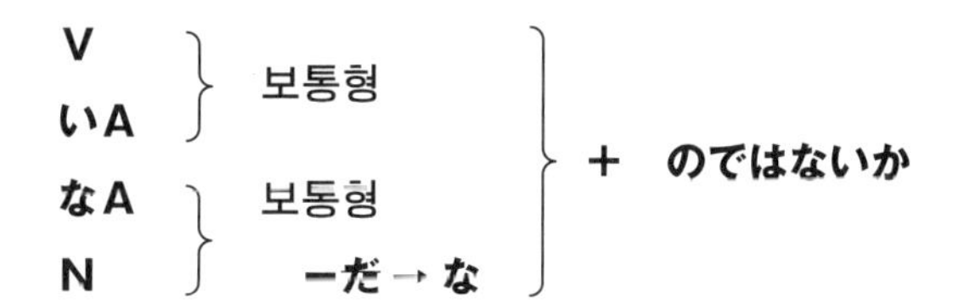

「…のではないか」는 아마 「…」일 것이라 짐작하지만, 「…」의 진위가 불확실하다는 것을 나타냅니다.

① 鈴木氏は今度の選挙に出るのではないか。
스즈키 씨는 이번 선거에 출마하지 않을까.

「と思う」「と思われる」「とのことだ」등을 동반하여, 말하는 사람이 조심스럽게 자신의 생각을 말할 때 사용하는 표현입니다.

② 新聞によると、今度の選挙に鈴木氏が出るのではないかとのことだ。
신문에 따르면 이번 선거에 스즈키 씨가 출마하지 않겠는가 하는 것이다.

③ 留学している息子から何の連絡もない。何かあったのではないか。
유학 중인 아들로부터 아무런 연락도 없다. 무슨 일 있는 건 아닌가.

④ さまざまな意見が出て会議が混乱しているので、調整が必要なのではないかと思う。
다양한 의견이 나와 회의가 혼란스러우니, 조정이 필요하지 않을까 싶다.

6. 組織には偉大なる脇役たちがいないと、組織は徐々に疲弊していくのではないか、というのが私の観察な**のである。**

V
いA } 보통형
なA } 보통형
N } **ーだ → な**
＋ のだ

「…のだ」는 선행문의 내용을 다른 표현으로 바꿔 말하는 것을 나타냅니다.

① 彼はまだお酒が飲めない年齢だ。未成年なのだ。
그는 아직 술을 마실 수 없는 연령이다. 미성년인 것이다.

② 父は私が3歳のときに亡くなりました。母が一人で私を育ててくれたのです。
아버지는 제가 3살 때 돌아가셨습니다. 어머니가 혼자서 저를 키워주신 것입니다.

회화체에서는「んです」가 됩니다.

③ 来週は田中さんが当番だったんですけど、私が来ます。代わりにさ来週は田中さんが来ます。
…分かりました。山本さんと田中さんが交代するんですね。
다음 주는 다나카 씨가 당번이었지만 (이지만), 제가 오겠습니다. 대신에 다다음 주는 다나카 씨가 옵니다.
… 알겠습니다. 야마모토 씨와 다나카 씨가 교대하는 거 군요.

「のだ」는「つまり」「私が言いたいのは」「一言でいえば」「言い換えれば」등과 함께 써서, 지금까지 서술한 것을 다른 말로 바꾸어 말할 때 사용합니다.

④ 15人の受験生のうち13人が不合格だった。つまり、2人しか合格しなかったのである。
15명의 수험생 중 13명이 불합격했다. 즉 두 사람밖에 붙지 않았던 것이다.

⑤ 鈴木さんはピアニストで、奥さんは歌手だ。2人の子どももそれぞれ楽器を習っている。一言でいえば、鈴木家は音楽一家なのだ。
스즈키 씨는 피아니스트이며 부인은 가수다. 두 자녀도 각자 악기를 배우고 있다. 한마디로 말하자면, 스즈키 씨 일가는 음악가 집안인 것이다.

⑥ この商品は国内では販売されていない。言い換えれば、海外でしか買えないのです。
이 상품은 국내에서 판매되고 있지 않아요. 다시 말해 해외에서 밖에 살 수 없는 것입니다.

話す・聞く

7. 老舗といえる**ほどのものじゃありません。**

「…ほどの {もの／こと} じゃない」는「…」와 같은 정도에는 미치지 않을 정도라는 것을 나타냅니다. 회화체에서는「…ほどのもんじゃない」로 쓰는 경우도 있습니다.

① 確かに優勝はしましたが、国民栄誉賞をいただくほどのもの（こと）じゃありません。

확실히 우승은 했지만, 국민 영예상을 받을 만한 것 (일)은 아니에요.

② 狭い庭なんですよ。庭といえるほどのものじゃありません。

좁은 마당이에요. 마당이라고 할 만한 건 아니에요.

명사나 な형용사의 어간에 접속할 경우는,「～という」「～って」를 더해야 합니다.

③ 朝食は食べましたか。

…朝食というほどのものじゃないですけど、バナナを食べました。

아침밥은 먹었어요?

…아침밥이라고 할 만한 건 아니지만, 바나나를 먹었습니다.

④ うちの犬の写真を見てください。ハンサムってほどのもんじゃありませんが、なかなかいい顔をしてるでしょう？

우리 집 강아지 사진 보세요. 잘생겼다고 할 정도는 아니지만 제법 괜찮게 생겼죠?

8. 伝統的なもの**だけじゃなく**、モダンなデザインの製品も製造しています。

「XだけでなくY」는 X에 Y를 보태는 것을 나타냅니다.

① この店はパンを売るだけじゃなく、パンの作り方教室も開いている。

이 가게는 빵을 팔 뿐만 아니라 제빵 교실도 열고 있다.

보태지는 쪽(Y)에는「も」「まで」등을 붙입니다.

② ボランティア活動は相手のためだけでなく、自分のためにもなることが分かった。

자원 봉사 활동은 상대방을 위해서뿐만 아니라 자신에게도 유익하다는 것을 알았다.

③ 社内で結核の患者が出たので、本人だけでなく、周りの人まで検査を受けなければならない。

사내에서 결핵 환자가 나왔기 때문에, 본인뿐만 아니라 주변 사람들까지 검사를 받아야 한다.

9. 太鼓**といえば**、佐渡の「鬼太鼓」が有名ですよね。

N ＋ といえば

「N_1といえばN_2」는, 앞의 문맥에서 나온「N_1」을 화자가「N_2」와 연관시켜 설명할 때 사용합니다. ①처럼 전형적인 예와 연관시키는 경우가 있는가 하면, ②처럼 청자에게 있어 의외라 생각되는 예와 연관시키는 경우도 있습니다.

① スイスといえば、時計やチョコレートなどが有名ですね。

스위스 하면 시계와 초콜릿 등이 유명하죠.

② 日本では牛肉・豚肉・鳥肉が一般的だが、モンゴルでは肉といえば羊の肉だそうだ。

일본에서는 쇠고기, 돼지 고기, 닭고기가 일반적이지만, 몽골에서는 고기라고 하면 양고기라고 한다.

「～といえば」는 「～というと」「～といったら」가 되는 경우도 있습니다.

③ 教育というと、学校の仕事だと思うかもしれないが、そうではない。

교육이라고 하면 학교의 일이라고 생각할지도 모르나 그렇지 않다.

④ 日本といったら、若い人はアニメ、中年以上の人は車と言うだろう。

일본 하면, 젊은 사람은 애니메이션, 중년 이상의 사람은 차라고 말할 것이다.

N_2는 청자가 모르는 정보이므로 「注意して聞くように」라는 뉘앙스로 사용됩니다.

⑤ 来週ソウルに出張するんですよ。

…ソウルといえば、3年ほど前に帰国したパクさん、結婚するらしいですよ。

다음 주 서울에 출장 가거든요.

…서울이요? 그러고 보니, 3년 전쯤에 귀국한 박 씨, 결혼한대요.

청자가 알고 있는 정보라고 해도, 그것을 재차 주의해주길 바란다는 것을 표현하는 경우도 있습니다.

⑥ ストレス解消といえば、やっぱり運動ですよね。

스트레스 해소라고 하면 역시 운동이지요.

제 16 과

読む・書く

1. 会員のうち３人は既に請求**に応じて**支払いを済ませている。

(1)「〜」(請求・要求・要望　청구・요구・요망)에 대응한다.

① 学生たちは大学に授業料についての要求をしました。1年間話し合った後，大学は要求に応じました。

학생들은 대학에 수업료에 대한 요구를 했습니다. 1년간 논의한 후 대학은 요구에 응했습니다.

② その会社は消費者の要望に応じて、商品の品質検査を強化した。

그 회사는 소비자의 요망에 따라서 상품의 품질 검사를 강화했다.

③ その企業は取引先の注文に応じて、製品の開発を進めてきた。

그 기업은 거래처의 주문에 따라서 제품 개발을 추진해 왔다.

(2)「〜に応じて…」의 형태로, 〜에 변화나 다양성을 나타내는 말이 오면 '〜의 변화나 다양성에 맞춰 …을 한다'는 의미가 됩니다.

④ 時代の変化に応じて若者の文化や考え方も変わる。

시대 변화에 따라 젊은이의 문화나 사고 방식도 바뀐다.

⑤ この店では客の1年間の買い物額に応じて景品を出している。

이 가게에서는 손님의 연간 쇼핑 금액에 맞춰 경품을 걸고 있다.

2. 外部からの情報引き出し**によって**か、データ流失が起きたものとみられる。

이 경우의「〜によって」는 원인을 나타냅니다. 명사를 수식할 때는「〜によるN」의 형태가 됩니다.

① 急激な円高によって経営が苦しくなり、倒産する企業もある。

급격한 엔고로 인해 경영이 어려워져 도산하는 기업도 있다.

② ＡＴＭのトラブルによる被害は、この銀行の利用者にとどまらない。

ATM 고장으로 인한 피해는 이 은행의 이용자에 그치지 않는다.

3. 外部からの情報引き出しによってか、データ流失が起きたもの**とみられる**。

「〜とみる」는「(객관적인 근거에서) 〜と考える」라는 의미를 나타냅니다.

① 電力会社は12日の最大電力需要を2,460KWとみており、停電の恐れはないとしている。
　전력 회사는 12일 최대 전력 수요를 2,460KW으로 보고 있어 정전의 우려는 없다고 밝혔다.

② 自動車業界は東南アジアでの自動車の需要はまだまだ伸びるとみている。
　자동차 업계는 동남아에서의 자동차 수요는 더 증가할 것으로 보고 있다.

뉴스 보도 등에서는「〜とみられる」의 형태로 자주 사용됩니다.「〜と考えられる/思われる」와 마찬가지로 화자의 생각을 서술하는 표현입니다. 한편「〜とみられている」의 형태에서는 화자의 생각이 아닌, 일반인, 많은 사람의 생각을 나타냅니다.

③ 期待の新人はメジャーリーグに挑戦するとみられている。
　기대의 신인은 메이저 리그에 도전할 것으로 보인다.

4. MNK社は、データ流失は外部からの情報引き出しによって起きたもの**としている**。

「〜は…としている」는, 〜은 (는) …을 공적으로 표명했다고 하는 표현입니다.

① 政府は景気が回復するまでは消費税を上げないとしている。
　정부는 경기가 회복할 때까지는 소비세를 올리지 않겠다고 밝혔다.

② 学校側は少子化に備えてカリキュラムを見直すとしている。
　학교 측은 저출산에 대비해 커리큘럼을 재검토하겠다고 밝혔다.

5. 情報管理を厳しくしていた**にもかかわらず**、今回の事態が起きたことは遺憾である。

보통형

なA　ーだ → ーである
N　ーだ → ー/ーである　} ＋ **にもかかわらず**

「XにもかかわらずY」는, Y가 X로부터 예상되는 결과와는 다르다는 것을 나타냅니다. Y에는 좋은 결과, 나쁜 결과 모두 올 수 있지만, 대부분의 경우, 말하는 사람의 놀라움이나 불만 등이 표현됩니다. 다소 격식 차린 표현이지만, 문장체뿐만 아니라 회화체에서도 사용됩니다.

① 本日は年末のお忙しい時期にもかかわらず、こんなに多くの方にお集まりいただきありがとうございます。
오늘은 연말의 바쁜 시기에도 불구하고 이렇게 많은 분들께서 모여 주셔서 감사드립니다.

② 地震のあとに津波が来ることが予測されていたにもかかわらず、すぐに避難しなかったことが被害を大きくした。
지진 뒤에 해일이 오는 것이 예측되었음에도 불구하고 바로 피난하지 않았던 것이 피해를 크게 만들었다.

③ この学校には十分な予算があるにもかかわらず、設備の改善にはあまり使われていない。
이 학교에는 충분한 예산이 있음에도 불구하고 설비 개선에는 그다지 사용되고 있지 않다.

6. MNK社は被害を受けた会員におわびの書面を送る**とともに**、会員カードの更新などの対策を早急に講ずるとしている。

V 사전형 / N ＋ とともに

「XとともにY」는 사건X와 동시에 사건Y가 일어나는 것을 나타냅니다.

① 警察は、犯人を追うとともに、近所の住人に注意を呼びかけている。
경찰은 범인을 쫓으며 이웃들에게 주의를 당부했다.

② 彼は大学で研究生活を続けるとともに、小説を書くことをあきらめていない。
그는 대학에서 연구 생활을 계속하는 동시에 소설 쓰기를 포기하지 않았다.

③ 社名を変更するとともに、新たなホームページを立ち上げた。
회사명을 변경함과 동시에 새로운 홈페이지를 구축했다.

동사의 사전형 외에 사건을 나타내는 명사와도 함께 사용됩니다.

④ 社名の変更とともに制服も新しいデザインになった。
회사명의 변경과 함께 유니폼도 새로운 디자인이 되었다.

7. 不審に思って振込口座名を調べ**たところ**、既に口座は閉じられていた。

V た형 ＋ ところ

「XたところY」는 '동작 X를 한 결과, 상황 Y를 알게 되었다'라는 관계를 나타냅니다. X도 Y도 과거형으로 사용됩니다. 미래의 일에는 사용할 수 없습니다. 주로 문장체에서 사용되는 격식 차린 표현입니다.

① 教授に大学新聞への原稿をお願いしたところ、すぐに引き受けてくださった。

교수님께 대학 신문의 원고를 부탁 드렸더니 바로 맡아 주셨다.

② 財布を落としたので、警察に行ったところ、ちょうど拾った人が届けに来ていた。

지갑을 잃어버려 경찰서에 갔더니 마침 주운 사람이 신고하러 와 있었다.

③ 身分証明書が必要かどうか確かめたところ、不要だということだった。

신분증이 필요한지 어떤지 확인해 보았더니 불필요하다는 것이었다.

話す・聞く

8. **あんまり**落ち込んでいる**から**、人身事故でも起こしたのかと思った。

「あんまり／あまりXからY」는, ‘X의 정도가 높은 것이 원인이 되어 Y가 발생했다’는 관계를 나타냅니다.

① 電気料金があんまり高いもんだから、調べてもらったら、やっぱり電力会社の間違いだった。

전기 요금이 너무 비싸서 알아봤더니, 역시 전력 회사의 잘못이었다.

② 電話をかけてきた相手の言葉遣いがあんまり失礼だったから、思わず切ってしまった。

전화를 걸어온 상대방의 말투가 너무 무례해서 나도 모르게 끊어 버렸다.

9. 危うく事故を起こす**ところだった**。

V 사전형
V ない형 −ない } ＋ **ところだった**

「…ところだった」는, 반사실 (조건법적 서술, 현실에서는 …이 (가) 일어나지 않은 일)을 나타냅니다. 「…」는 보통 바람직하지 않은 일입니다. 「Xたら／ば、Yところだった」의 형태로 ‘X가 일어났다면 Y가 일어났을 것이다 (현실에서는 X는 일어나지 않았기 때문에 Y는 일어나지 않았다)’라는 관계를 나타냅니다. 「危うく」「もう少しで」등의 표현이 함께 사용되는 경우도 있습니다.

① たばこの火がカーテンに燃え移っていた。気づくのが遅れたら、火事になるところだった。

담뱃불이 커튼에 옮겨 붙었다. 늦게 알아챘더라면, 불이 날 뻔했다.

② 明日は漢字のテストだよ。
…あっ、そうだったね。忘れるところだった。ありがとう。
내일은 한자 시험이야.
…앗, 그랬지. 잊어버릴 뻔 했네. 고마워.

③ こんなところに薬を置いたのは誰？　もう少しで赤ちゃんが口に入れるところだったよ。
이런 데 약을 둔 사람은 누구야? 하마터면 아기가 입에 넣을 뻔했어.

10. お金のないとき**に限って**、お金が必要になるんだよなあ。

N ＋ に限って

「Xに限ってY」는 ‘X의 경우는 특히 Y’라는 의미를 나타냅니다. ①, ②는 X에서 기대되는 것과 반대의 결과 Y가 되는 것을, 불만을 담아 표현하는 경우입니다.

① デートの約束をしている日に限って、残業を頼まれる。
데이트 약속을 한 날에는 유독 야근을 부탁 받는다.

② 子どもって親が忙しいときに限って熱を出したりするんですよね。
아이들은 부모가 꼭 바쁠 때 열이 나곤 하지요.

한편, ③과 같이「Xに限ってYない」의 형태로 써서, X에 대한 기대나 믿음에서 나쁜 결과 (Y)는 일어나지 않는다는 판단을 나타내기도 합니다.

③ うちの子に限ってそんなことをするはずがない。
우리 애만은 그런 일을 할 리가 없다.

제 17 과

読む・書く

1. 古代(こだい)ローマで使われていた暦(こよみ)は 1 年が 304 日、10 か月**からなって**いる。

「XはYからなる／なっている」는 X는 Y로 구성되어 있다는 의미를 나타냅니다.

① 日本は 47 の都道府県(とどうふけん)からなっている。
   일본은 47개 도도부현 (행정구역)으로 되어 있다.

② 10 人の科学者(かがくしゃ)からなる研究グループによって、調査(ちょうさ)が行われた。
   10명의 과학자들로 구성된 연구진에 의해 조사가 실시되었다.

2. 太陽暦(たいようれき)に切(き)り替(か)えられた大きな理由(りゆう)**としては**、次(つぎ)のようなことが挙(あ)げられる。

「～としては」는 ～에 해당하는 말을 뒤에 서술하는 표현입니다.

① 北海道(ほっかいどう)のお土産(みやげ)としては、クッキーやチョコレートなどが有名である。
   홋카이도의 기념품으로는 쿠키와 초콜릿 등이 유명하다.

② マンガのテーマとしては、「恋愛(れんあい)」や「冒険(ぼうけん)」などが好まれる。
   만화의 주제로는 '연애'나 '모험'등이 선호된다.

3. 諸外国(しょがいこく)との外交上(がいこうじょう)、同じ暦を使用(しよう)するほうが便利(べんり)だった。

「～上」는 명사에 접속하여,「～の点から」「～の点で」와 같은 의미를 나타냅니다.

① 家の中でテレビを長時間つけているのは教育(きょういく)上よくない。
   집안에서 텔레비전을 장시간 켜는 것은 교육상 좋지 않다.

② 会社の経営(けいえい)上、今より社員を増(ふ)やすことは難(むずか)しい。
   회사 경영상, 지금보다 직원을 늘리기는 어렵다.

③ 雨の日に傘(かさ)をさして自転車に乗るのは交通安全(こうつうあんぜん)上、非常(ひじょう)に危険(きけん)である。
   비 오는 날 우산을 쓰고 자전거를 타는 것은 교통 안전상 매우 위험하다.

④ 1960 年代の初(はじ)めは日本製(せい)のアニメは番組編成(ばんぐみへんせい)上の穴埋(あなう)めとして放送(ほうそう)されていた。
   1960년대 초 일본 애니메이션은 프로그램 편성상의 메꾸기용으로서 방영되었다.

4. 改暦を行うこと**により**、12月の給料を1か月分払わずに済ませた。

이 경우의 「～により／によって」는 수단・방법을 나타냅니다.

① この会社は、工場を海外に移したことにより、コストを下げるのに成功した。
　이 회사는 공장을 해외로 이전함으로써 비용을 낮추는 데 성공했다.

② 宅配便によって、全国どこへでも遅くとも2日以内には荷物が届くようになった。
　택배로 전국 어디든 늦어도 2일 이내에는 물건이 도착하게 되었다.

5. 「九月」は夜が長く月が美しい**ことから**「長月」と名づけられていた。

V / **いA**	보통형	**＋ ことから**
なA	보통형 **ーだ → ーな／ーである**	
N	보통형 **ーだ → ーである**	

「～ことから」는 ～의 내용이 이유나 원인임을 나타냅니다. 뒤에는 ①과 ②처럼 사실이 오는 경우도 있고, ③처럼 말하는 사람의 판단이 오는 경우도 있습니다. 주로 문장체에서 사용되는 격식 차린 표현입니다.

① 夫にスーパーの袋を捨てないように注意したことから、けんかになった。
　남편에게 슈퍼마켓 봉투를 버리지 않도록 주의를 준 것으로 싸움이 벌어졌다.

② この駅では、発車ベルがうるさいという苦情が出たことから、ベルの代わりに音楽を使うようになった。
　이 역에서는 발차 벨이 요란하다는 불평이 나오면서 벨 대신 음악을 쓰게 되었다.

③ 発掘調査で指輪やネックレスが発見されたことから、この墓は身分の高い人のものだと考えられる。
　발굴 조사에서 반지나 목걸이가 발견된 점으로 보아 이 무덤은 신분이 높은 사람의 것이라고 생각된다.

6. 予算不足にもかかわらず、新制度の導入でたくさんの役人を補充せ**ざるを得なかった**。

V ない형 ＋ ざるを得ない
(＊「する」→「せざるを得ない」)

「～ざるを得ない」는 '～하고 싶지 않지만, 사정이나 상황 등의 이유로 ～하는 것을 피할 수 없다'는 의미를 나타냅니다. ②와 같이 「～ざるを得なかった」의 형태로 사용하면 '피할 수 없어서 실제로 ～했다'는 의미가 됩니다.

① 熱が39度もある。今日は大事な会議があるが、休まざるを得ない。

열이 39도나 된다. 오늘은 중요한 회의가 있지만 쉬지 않을 수 없다.

② 頂上まであと少しのところで吹雪に遭い、引き返さざるを得なかった。

정상을 코 앞에 두고 눈보라를 만나 되돌아가지 않을 수 없었다.

③ 参加者が予想よりはるかに少なかった。残念だが、今日のイベントは失敗だと言わざるを得ない。

참가자가 예상보다 훨씬 적었다. 아쉽지만 오늘 행사는 실패라고 말하지 않을 수 없다.

다소 격식 차린 표현이지만, 문장체뿐만 아니라 회화체에서도 사용됩니다.

話す・聞く

7. 優太が幼稚園に行くようになって**てはじめて**節分のことを知りました。

「XてはじめてY」는 'X의 후에 (겨우) Y가 일어나다'라는 뜻을 나타냅니다. 'Y가 일어나기 위해서는 X가 필요하다'는 것을 말하고 싶을 때 사용합니다.

① 子どもを持ってはじめて親のありがたさが分かった。

아이를 가지고 비로소 부모의 고마움을 알았다.

② 就職してはじめてお金を稼ぐことの大変さを知りました。

취직하고 비로소 돈을 버는 어려움을 알았습니다.

8. 優太：お父さんは優しいよ。お母さんのほうが怖い。
母　：優太**ったら**。

「XったらY」는「XはY」와 비슷하지만, X에 대한 질림이나 비판하는 마음과 함께 「Y」를 이야기할 때 사용합니다.

① お母さんったら、どうして子どもの名前を間違えて呼ぶのよ。たった3人なのに。

어머니도 참, 왜 아이의 이름을 잘못 부르는 거야. 겨우 세 명인데.

② うちで飼ってるチロったら、私のことを母親だと思ってるんですよ。

집에서 키우는 치로 녀석, 나를 엄마라고 생각하고 있어요.

9. 優太君は６歳にしては大きいね。

(1) N ＋ にしては

(2) 보통형

なA －だ → －である	**＋ にしては**
N －だ → －／－である	

「XにしてはY」는 'X라는 전제로부터 예상되는 정도와는 달리 Y다'라는 의미를 나타냅니다. Y에는 좋은 내용, 나쁜 내용 모두 올 수 있습니다.

① 彼女のピアノの腕は素人にしては相当のものだ。
그녀의 피아노 솜씨는 아마추어치고는 상당하다.

② このレポートは一晩で書いたにしてはよくできている。
이 리포트는 하룻밤에 쓴 것 치고는 잘 되어 있다.

③ スペイン語は半年ほど独学しただけです。
…そうですか。それにしてはお上手ですね。
스페인어는 반년 정도 독학했을 뿐입니다.
… 그러세요? 그에 비해서는 잘하시네요.

X는 어디까지나 전제이므로 실제로 맞는지 어떨지 모를 때에도 사용할 수 있습니다.

④ お父さん、残業にしては遅すぎるよ。飲みに行っているのかもしれないね。
아버지, 야근 치고는 너무 늦는군. 술 마시러 간 건지도 모르겠네.

10. 日本に住んでるからには、日本の四季折々の行事を知らないといけないと思う。

V 보통형	**＋ からには**
N 보통형	
－だ → －である	

「XからにはY」는 'X이기 때문에 당연히 Y다'라는 의미를 나타냅니다. Y에는 명령, 의무, 의지, 희망 등의 표현이 오는 경우가 많습니다.

① 大学院に入ったからには、どんなに大変でも学位を取って国へ帰りたい。
대학원에 들어간 이상 아무리 힘들어도 학위를 받아 고향으로 돌아가고 싶다.

② 私は負けず嫌いだ。ゲームでも何でも、やるからには勝たなければならないと思う。
나는 지는 걸 싫어한다. 게임이든 뭐든 이왕 할 바에는 이겨야 한다고 생각한다.

③ 日本での就職を目指すからには、敬語はしっかり勉強しておいたほうがいい。
일본에서 취업을 하려고 하는 이상 경어는 확실하게 공부해 두는 편이 좋다.

이미 일어난 사실을 나타내는 글에는 사용할 수 없습니다.

11. さあ、サッカーの練習に行くん**でしょ**。

보통형
なA } **ーだ** } **+ でしょ。**
N

「Xだろう」의 형태로, 억양을 상승조로 해서 쓰며, 상대에게 X의 내용을 확인하는 표현입니다. 상대가 X를 인식하지 않는 경우, 인식하도록 촉구하는 말투가 되어 비난하거나 야단치는 기분이 들기도 합니다. 정중형「でしょう」외에, 회화에서는「でしょ」「でしょっ」「だろ」「だろっ」등의 형태로 쓰이는 경우도 있습니다.

17

① 10時だ。子どもはもう寝(ね)る時間だろう。歯(は)をみがいて、ベッドに入りなさい。
10시다. 어린이는 이제 잘 시간이지? 이 닦고 침대에 들어가라.

② 優太(ゆうた)、そんなところに立ってたら邪魔(じゃま)になるでしょ。こっちへいらっしゃい。
유타, 그런 곳에 서 있으면 방해가 되겠지? 이리로 와.

③ 飲みに行こうって誘(さそ)ったのは君(きみ)だろ。今日になってキャンセルなんて、ひどいよ。
술 마시러 가자고 꼬신 건 너잖아. 오늘에 와서 취소하다니, 너무해.

제 18 과

読む・書く

1. 僕はおそらくあの薄汚い鉛筆削りを使いつづけていた**に違いない**。

보통형

なA / N } ーだ → ー／ーである } + に違いない

화자가 확신하고 있는 것을 나타내는 표현입니다.

① 渡辺さんは時間が守れない人だ。今日もきっと遅れてくるに違いない。
　와타나베 씨는 시간을 지키지 않는 사람이다. 오늘도 틀림없이 늦게 올 것이다.

② 山本監督の映画ならきっとおもしろいに違いない。
　야마모토 감독의 영화라면 분명히 재미있을 것이다.

③ あの公園の桜はもう散っているに違いない。
　그 공원의 벚꽃은 틀림없이 이미 졌을 것이다.

「はずだ」와 비슷하지만, 「はずだ」가 계산, 지식, 논리 등에 근거한 확신을 나타내는 데에 비해, 「に違いない」는 ④와 같이 직감적인 확신을 나타낼 수 있습니다.

④ 彼を一目見て、親切な人 {○に違いない／×のはずだ} と思った。
　그를 한눈에 보고, 친절한 사람임에 틀림없다고 생각했다.

2. 僕の鉛筆削りは手動式の機械で、他のもの**に比べて**変わったところなんてない。

N + に比べて／比べると

「XはYに比べて／比べると…」는 X를 Y와 비교해서 말하는 표현으로, 뒤에는 무언가 정도를 나타내는 내용이 오는 것이 보통입니다. 「〜より」로 바꿔도 의미가 변하지 않는 경우가 많습니다.

① 今年は去年に比べて春の来るのが遅かった。
　올해는 작년에 비해서 봄이 늦게 왔다.

② 電子辞書で調べたことは紙の辞書に比べると記憶に残りにくい気がする。
　전자 사전으로 조사한 것은 종이 사전에 비하면 기억에 남기 어렵다는 느낌이 든다.

③ 郊外は都心に比べて緑が多い。
　교외는 도심에 비해서 녹색이 많다.

3. こんな幸運は人生の中でそう何度もある**ものではない**。

V 사전형
V ない형　ーない
いA
なA　ーな
} **＋　ものだ**

(1)「XはYものだ」는 X의 본질이나 경향을 말하는 용법입니다. 회화체에서는「もんだ」의 형태가 되는 경우가 있습니다.

① 人は変わるものだ。
사람은 변하는 법이다.

② お金って、なかなか貯まらないもんですね。
돈이란 쉽사리 모이지 않는 법이군요.

일반적인 사항을 말하는 용법이므로, X에는 고유 명사 등 특정 사람이나 물건을 일컫는 말은 사용할 수 없습니다.

× 田中先生は変わるものだ。

부정의 경우,「〜ものではない」와「〜ないものだ」의 두 가지가 있는데, 전자 쪽이 부정의 의미가 조금 강합니다.

③ 日本語で日常的に使われる漢字は2,000字以上ある。1年や2年で覚えられるものではない。
일본어에서 일상적으로 쓰이는 한자는 2,000자 이상 된다. 1년이나 2년만에 외울 수 있는 게 아니다.

④ 甘いものは一度にたくさん {食べられるもんじゃない／食べられないもんだ}。
단 건 한번에 많이 {먹을 수 있는 게 아니야/ 먹을 수 없는 거야}.

(2)「〜ものだ」에는, 위와 같이 본질・경향을 서술하는 용법이 변해 이상적인 상태나 본래 해야 할 행위를 서술하는 용법도 있습니다. 의미는「〜べきだ」에 가깝습니다.

⑤ 学生は勉強するものだ。
학생은 공부를 해야 한다.

⑥ 出された食事は残すものではない。
차려진 식사는 남겨서는 안 된다.

話す・聞く

4. ワイングラス、どこにしまったかな。あ、あっ**た**、あった。

이처럼「いた」「あった」「見えた」등의 과거형은, 찾고 있었던 것이 발견되거나 그때까지 느끼지 못한 상태를 깨달은 것을 나타낼 때에 사용됩니다.

① チロ！チロ！ どこにいるんだ。おー、いた、いた。こんなとこにいたのか。

치로！치로！어디에 있는 거야. 오오-있다, 있다. 이런 곳에 있었네.

② ほら、見てごらん。あそこに小さな島(しま)が見えるだろう。

…ええ？　どこ？　見えないよ。あ、見えた。あれ？

자, 봐봐. 저기 작은 섬이 보이지？

…응？어디？안 보여. 아, 보인다. 어라？

5. **だって**、このお皿(さら)、新婚時代(しんこんじだい)の思い出がいっぱいなんだ**もの**。

「だって、…もの」는 이유를 설명하는 표현인데, 자신의 정당성을 알리고 싶을 때나 변명을 할 때 등에 사용됩니다. 격의 없는 표현이므로 격식 차린 장면에서는 쓸 수 없습니다.

① どうしてケータイばかり見ているの？

…だって、することがないんだもの。

왜 휴대폰만 보고 있어？

…할 게 없으니까.

② どうしてうそをついたの？

…だって、誰(だれ)も僕(ぼく)の言うことを聞いてくれないんだもん。

왜 거짓말을 했어？

… 그게, 아무도 내 말을 들어주지 않잖아.

6. ふだん使わないものをしまっとい**たところで**、場所をとるだけだよ。

「XたところでY」는「もしXてもY（좋지 않은 결과）になる」라는 뜻을 나타냅니다.「Xする必要はない」라고 말하고 싶을 때 사용됩니다.

① いくら状況(じょうきょう)を説明したところで、警察(けいさつ)は信(しん)じないだろう。

아무리 상황을 설명해 봤자 경찰은 믿지 않을 것이다.

② きれいに片(かた)づけたところで、子どもがすぐ散(ち)らかすんだから意味がないよ。

깨끗하게 치워 봤자 아이가 바로 어지르기 때문에 의미가 없어.

7. ここにあるスーパーの袋の山、何だよ。
…あら、袋**だって**必要なのよ。

N
N ＋ 격조사 } **＋ だって**

「XだってY」는「XであればYではないだろう」라고 하는, 예상과 반대가 되는 것을 나타내고 싶을 때에 사용합니다.

① 日本語は漢字が難しいかもしれないけど、韓国語だって発音が難しい。
일본어는 한자가 어려울지도 모르지만, 한국어도 발음이 어렵다.

또, ②처럼 여러 개를 나란히 열거하여 사용하는 경우도 있습니다.

② 鈴木さんはスポーツが得意だから、サッカーだって野球だって何でもできます。
스즈키 씨는 스포츠를 잘해서 축구든 야구든 무엇이든 할 수 있습니다.

또한, ③처럼 반드시 예상과 다른 것은 아니지만「XだってY」로 Y에 X가 들어 맞는 것을 강하게 주장하는 경우도 있습니다.

③ 父は毎朝早く仕事に出掛けます。今日だって朝6時に家を出ました。
아버지는 아침 일찍 일하러 나갑니다. 오늘(만 해)도 아침 6시에 집을 나섰습니다.

8. あなた**こそ**、あの本の山はいったい何なの！

N
N ＋ 격조사（に・で）
Vて형
보통형 ＋ から
} **＋ こそ**

「XこそY」는「他のものではなくXがYだ」라는 것을 강조하여 서술하는 표현입니다.

① どうぞよろしくお願いします。
…こちらこそどうぞよろしく。
아무쪼록 잘 부탁 드리겠습니다.
…저야말로 잘 부탁 드리겠습니다.

② ずいぶん長いことお祈りしてたね。
…今年こそ、いい人に出会えますようにってお願いしてたの。
꽤 오랫동안 기도했네.
…올해야말로, 좋은 사람을 만날 수 있게 해달라고 빌었어.

X에는 사람이나 물건을 나타내는 명사 외에,「명사＋격조사」, 상황을 나타내는「〜て」나 이유를 나타내는「〜から」등, 여러 가지 표현이 옵니다.

③ この本は子ども向けだが、逆に、大人にこそ読んでもらいたい。
이 책은 어린이용이지만, 반대로 어른이야말로 읽어 주었으면 한다.

④　どんな言語もコミュニケーションに使えてこそ意味があるのであって、試験に合格(ごうかく)しても実際(じっさい)に使えなければ意味がありません。

어떤 언어도 커뮤니케이션에 사용할 수 있어야 의미가 있는 것이지, 시험에 합격해도 실제로 사용할 수 없으면 의미가 없습니다.

⑤　あの人が嫌(きら)いなのではない。好きだからこそ冷(つめ)たい態度(たいど)をとってしまうのだ。

그 사람이 싫은 것은 아니다. 좋아하기 때문에 차가운 태도를 취하게 되는 것이다.

제 19 과

読む・書く

1. ロボコンは初めのころはNHKの番組で、大学や高専の学生**を対象に**行われていた。

「～を対象に」는 조사나 정보・행위를 받는 쪽을 나타냅니다.「～を対象にして」의 형태도 있습니다.

① 幼児を対象に開発されたゲームが、大人の間で流行している。
　유아를 대상으로 개발된 게임이 성인들 사이에서 유행하고 있다.

② テレビの午後の番組はおもに主婦を対象に組まれている。
　TV 의 오후 프로그램은 주로 주부를 대상으로 편성되어 있다.

2. ロボコンの特効薬的効果は、中学生**ばかりでなく**、高専や大学の学生にもある。

「～ばかりでなく」는「～だけでなく」와 동일하며「他にもある」의 의미를 나타냅니다.

① 18号台風は農業ばかりでなく、経済全体にも大きなダメージを与えた。
　18 호 태풍은 농업뿐만 아니라 경제 전체에도 큰 타격을 입혔다.

② ここは温泉ばかりでなく、釣りや山登りも楽しめます。
　이곳은 온천뿐만 아니라 낚시나 등산도 즐길 수 있습니다.

3. ロボコンというものが、大きな教育力を備えた活動だということがはっきりしてきたから**にほかならない**。

N
원인・이유・근거를 나타내는「～から・ため」 } ＋ **にほかならない**

「～にほかならない」는「～である」를 강조하여 표현할 때 사용합니다.

① 子どもの反抗は、大人になるための第一歩にほかならない。
　아이의 반항은 곧 어른이 되기 위한 첫걸음이다.

② この成功は、あなたの努力の結果にほかなりません。
　이 성공은 바로 당신의 노력의 결과입니다.

③ このような事故(じこ)が起きたのは、会社の管理体制(かんりたいせい)が甘(あま)かったからにほかなりません。
이와 같은 사고가 일어난 것은 회사의 관리 체제가 허술했기 때문입니다.

4. ロボットづくり**を通して**、物と人間とのよい関係(かんけい)が身(み)につく。

N ＋ を通して

「～を通して」는 동작을 나타내는 명사에 붙어 「～をすることによって」라는 의미이며, 뒤에 오는 사항이 실현되기 위한 수단을 나타냅니다.

① 厳(きび)しい練習を通して、技術(ぎじゅつ)だけでなく、どんな困難(こんなん)にも負(ま)けない心が養(やしな)われたと思います。
혹독한 연습을 통해서, 기술뿐만 아니라 어떠한 난관에도 굴하지 않는 마음이 길러졌다고 생각합니다.

② 茶道(ちゃどう)を通して、行儀作法(ぎょうぎさほう)だけでなく、和(わ)の心を学んだ。
다도를 통해서, 예의 범절뿐만 아니라 일본의 정신을 배웠다.

③ 語学の学習を通して、その言葉(ことば)だけでなく、その国の文化(ぶんか)や人の考え方なども知り、理解(りかい)が深(ふか)まったと思う。
어학 학습을 통해서, 그 언어뿐만 아니라 그 나라의 문화나 사람의 사고 방식 등도 알게 되어, 이해가 깊어졌다고 생각한다.

19

5. たいていの中学校では秋**から**翌年(よくねん)**にかけて**4か月間ロボットづくりをさせる。

N（시간명사）＋ から ＋ N（시간명사）＋ にかけて
N（공간명사）＋ から ＋ N（공간명사）＋ にかけて

「～から～にかけて」는 시간・공간의 시작과 끝을 나타내며, 어떤 일이 어떤 시점 또는 지점 사이에 일어나는 것을 나타냅니다.

① 台風(たいふう)8号(ごう)は今夜(こんや)から明日(あす)にかけて上陸(じょうりく)する見込(みこ)みです。
태풍 8호는 오늘밤부터 내일 사이에 상륙할 전망입니다.

② 毎年1月から3月にかけてほうぼうで道路(どうろ)工事が行われる。
매년 1월부터 3월에 걸쳐 여기저기서 도로 공사가 진행된다.

③ 関東(かんとう)から東北(とうほく)にかけていろいろな都市でコンサートを開いた。
간토에서 도호쿠에 걸쳐 여러 도시에서 콘서트를 열었다.

6. 彼らのふるまいの変化**はともかく**、彼らの顔が以前に比べて、おだやかになる。

(1) N ＋ はともかく

(2) V / いA } 보통형 ; なA / N } 보통형 ーだ } ＋ かどうか ＋ はともかく

「～はともかく」는 '～은 중요한 것이지만, 지금은 그 것에 대해서는 자세히 말하지 않고' 라는 뜻입니다.「～はともかくとして」의 형태도 있습니다.

① あのレストランは値段はともかく、味はいい。
그 레스토랑은 가격은 둘째 치고 맛은 좋다.

② 彼は見た目はともかく、性格がいい。
그는 외모는 그렇다 치고 성격이 좋다.

③ 参加するかどうかはともかく、申し込みだけはしておこう。
참가하든 어떻든 간에 신청만은 해 두자.

④ 上手に歌えたかどうかはともかく、頑張ったことは事実だ。
잘 불렀는지 어땠는지는 몰라도, 열심히 한 것은 사실이다.

7. チームが勝つ**ためには**、彼らは意見の違いを乗り越えていかざるを得ない。

V 사전형 / N ＋ の } ＋ ためには

「～ためには」는 목적을 나타냅니다.「～ためには」의 뒤에는 필요・의무를 나타내는 표현이 쓰입니다.

① マンションを買うためには、3,000万円くらい必要だ。
아파트를 사기 위해서는 3,000만엔 정도 필요하다.

② 医者になるためには、国家試験に合格しなければならない。
의사가 되기 위해서는 국가 시험에 합격해야 한다.

③ 新聞が読めるようになるためには、もっと漢字を勉強したほうがいい。
신문을 읽을 수 있게 되려면 좀더 한자를 공부하는 것이 좋다.

동사의 사전형 외에 사건을 나타내는 명사와 함께 쓰이는 경우도 있습니다.

④ 勝利のためには、全員の力を合わせることが必要だ。
승리를 위해서는 전원의 힘을 합치는 것이 필요하다.

話す・聞く

8. 演劇は**決して**華やかなだけの世界では**ない**ということを覚えておいてほしい。

「決して」는 뒤에 반드시 부정형이 옵니다.「全く・全然・絶対（に）～ない」라는 의미로, 부정을 강조합니다.

① 経営者側は自分たちの責任を決して認めようとはしなかった。
경영자 측은 자신들의 책임을 결코 인정하려고는 하지 않았다.

② 落とした財布が中身ごと戻ってくるということは決してめずらしくない。
분실한 지갑이 내용물 그대로 돌아오는 경우는 결코 드물지 않다.

제 20 과

読む・書く

1. アフロヘアーの青年が山口五郎**のもとで**尺八修業を始めた。

「〜のもとで」는「目上の人のいる場所で」라는 의미를 나타내며, 윗사람이 가르쳐 주거나 키워 주거나 할 때에 사용합니다.

① 新しい監督のもとでチーム全員優勝を目指して頑張っている。
　새로운 감독 밑에서 팀 모두가 우승을 향해 노력하고 있다.

② 4歳のときに親を亡くし、田舎の祖父母のもとで育てられた。
　4살 때 부모를 여의고 시골의 조부모 밑에서 자랐다.

2. 尺八は本来**そう**であったように「いやし」の音楽としても注目されている。

「そう」는 뒤에 오는 사항을 가리킵니다. 예를 들면 이 문장의「そう」는「尺八が本来『いやし』の音楽であること」를 가리킵니다.

① この地域では、昔からそうであったように、共同で田植えをする。
　이 지역에서는 옛날부터 그랬던 것처럼 공동으로 모내기를 한다.

② 誰でもそうだが、子どもを持って初めて親のありがたみを知る。
　누구나 그렇지만, 자식을 갖고 비로소 부모의 고마움을 안다.

3. すごい音楽がある**ぞ**。

「…ぞ」는 청자가 모르고 있는 사실을 확실하게 알려 줄 때 사용하는 종조사입니다. 회화에서 남성이 쓰며 여성은 쓰지 않습니다.

① 気をつけろ。このあたりは毒ヘビがいるぞ。
　조심해. 이 주변에는 독사가 있어.

② おーい。ここにあったぞ。
　어이, 여기에 있었다.

4. 邦楽は日本の民族音楽である**と同時に**人類全体の財産である。

「〜と同時に」는 보통이라면 양쪽이 성립되기 어려운 두 가지 사항이 동시에 성립하고 있음을 나타냅니다.

① 酒は薬になると同時に毒にもなる。

술은 약이 되는 동시에 독도 된다.

② 遅く帰ってきた娘の顔を見て、ホッとすると同時に腹が立った。

늦게 돌아온 딸의 얼굴을 보고 안도감이 드는 동시에 화가 났다.

5. 内容より形を重視する考えに従う**しかなかった**。

V 사전형 ＋ しかない

「～しかない」는 '～하는 것 외에 선택지가 없다'라는 의미를 나타냅니다.

① 誰も手伝ってくれないなら、私がやるしかない。

아무도 도와 주지 않는다면, 내가 할 수 밖에 없다.

② 私にはとても無理な仕事だったので、断るしかなかった。

나에게는 아무래도 무리한 일이어서 거절할 수밖에 없었다.

③ 国立大学と私立大学に合格したとき、私は経済的な理由で学費の安い国立大学に進学するしかなかった。

국립대와 사립대에 합격했을 때, 나는 경제적인 이유로 학비가 저렴한 국립 대학에 진학할 수 밖에 없었다.

6. クリストファー遙盟・ブレィズデルさんは30年にわたる経験**の末**、こう語る。

Nの
V た형 } **＋ 末［に］**

「～の末」는 '어려운 일을 겪고, 마침내'라는 의미를 나타냅니다. 「～の末に」의 형태가 되는 경우도 있습니다.

① 苦労の末、画家はやっと作品を完成させることができた。

고생 끝에 화가는 겨우 작품을 완성시킬 수 있었다.

② その選手は、数週間悩んだ末、引退する決心をした。

그 선수는 몇 주 동안 고민한 끝에 은퇴하기로 결심했다.

③ いろいろな仕事を渡り歩いた末に、結局最初の仕事に落ち着いた。

여러 가지 일을 전전한 끝에 결국 처음의 일에 정착했다.

7. 武満徹(たけみつとおる)の作品の中で使われ**て以来**、尺八(しゃくはち)は国際的(こくさいてき)に広がりをみせた。

V て형
N } **+ 以来**

「～て以来」는 「～してからずっと」라는 의미를 나타냅니다. 가까운 과거가 아닌, 어느 정도 과거 시점에서 현재까지 이어지는 경우에 사용됩니다.

① スキーで骨折(こっせつ)して以来、寒くなると足が痛(いた)むようになった。
　스키로 골절된 이후로 추워지면 다리가 아프게 되었다.

② 結婚(けっこん)して以来ずっと、横浜(よこはま)に住んでいる。
　결혼한 다음부터 쭉 요코하마에서 살고 있다.

③ 帰国して以来、一度も日本食を食べていない。
　귀국한 이래 한번도 일본 음식을 먹지 않았다.

동사 て형 외에 시간을 나타내는 명사와 함께 사용되는 경우도 있습니다.

④ 去年の夏以来、父とは一度も会っていない。
　작년 여름 이후로 아버지와는 한번도 만나지 못했다.

⑤ 大学卒業(そつぎょう)以来、ずっと司法試験合格(しほうしけんごうかく)をめざして勉強を続(つづ)けてきた。
　대학 졸업 이후 줄곧 사법 시험 합격을 목표로 공부를 계속해 왔다.

8. アメリカには尺八を教える大学もある**くらい**だ。

「くらい」는 앞서 말한 것의 정도를 나타내기 위해 극단적인 예를 드는 표현법입니다. 다음의 예문③에서는 「くらい」가 뒤에 서술되는 것에 대한 예를 서술하고 있습니다. 「ほどだ」로 바꿔 쓸 수 있습니다.

① 空港(くうこう)までは遠いので、朝7時に家を出ても遅(おそ)いくらいだ。
　공항까지는 멀어서 아침 7시에 집을 나와도 늦을 정도다.

② このかばんはとてもよくできていて、偽物(にせもの)とは思えないくらいだ。
　이 가방은 정말 잘 만들어져 있어서 가짜로는 보이지 않을 정도다.

③ この本は中学生でも読めるくらい簡単(かんたん)な英語で書かれている。
　이 책은 중학생이라도 읽을 수 있을 정도로 간단한 영어로 쓰여 있다.

④ 北国の建物は冷房より暖房が行き届いているので、冬のほうが快適なくらいだ。
북쪽 지방의 건물은 냉방보다 난방이 잘 되어 있어서 겨울이 더 쾌적할 정도다.

話す・聞く

9. 「ががまる」という四股名はニックネームの「ガガ」に師匠が期待**をこめて**、いい漢字を選んでくれました。

「～をこめて」는「～の気持ちを持って」라는 의미를 나타냅니다.

① これは子どものために母親が愛をこめて作った詩です。
이것은 아이를 위해서 어머니가 사랑을 담아 만든 시입니다.

② 今日はお客さんのために心をこめて歌います。
오늘은 손님을 위해 마음을 담아 부릅니다.

10. 相撲の世界は努力すれ**ば**努力した**だけ**報いられる世界です。

「～ば～だけ」는 무엇인가를 행한 정도에 비례해서 어떤 결과가 발생한다는 의미를 나타냅니다.

① 頭は使えば使っただけ柔かくなる。
머리는 쓰면 쓴 만큼 유연해진다.

② 苦労は大きければ大きいだけ財産になる。
고생은 크면 큰 만큼 재산이 된다.

11. 電話で母の声を聞い**たとたんに**、涙が出てきた。

V た형 ＋ とたん［に］

「～たとたん（に）」는「～するとすぐに・～したあとすぐに」라는 의미를 나타내며, 어떤 사건이 원인이 되어 뜻하지 않은 사건이 일어난 것을 나타냅니다.

① 箱のふたを開けたとたん、中から子猫が飛び出した。
상자 뚜껑을 열자마자 안에서 새끼 고양이가 튀어나왔다.

② お金の話を持ち出したとたんに、相手が怒りだした。
돈 이야기를 꺼내자마자 상대방이 화를 냈다.

③ テレビのCMでこの曲が使われたとたん、CDの売上げが急激に伸びた。
텔레비전의 광고에서 이 곡이 사용되자 마자 CD 매출이 급격히 늘어났다.

12. 外国人だ**からといって**、わがままは言えません。

보통형 ＋ からといって

「～からといって」는 어떤 사항에서 당연히 예상되는 것과는 다른 결과가 발생할 때에 사용하며 뒤에 부정형이 쓰입니다.

① 新聞に書いてあるからといって、必(かなら)ずしも正しいわけではない。
신문에 쓰여 있다고 해서 반드시 옳은 것은 아니다.

② 便利(べんり)だからといって、コンビニの弁当(べんとう)ばかり食べていては体によくないと思う。
편리하다고 해서 편의점 도시락만 먹다가는 몸에 좋지 않다고 생각한다.

③ 民主主義(みんしゅしゅぎ)だからといって、何(なん)でも数(かず)で決(き)めていいわけではない。
민주주의라고 해서 무엇이든지 숫자로 정해도 좋은 것은 아니다.

제 21 과

読む・書く

1. 水を沸かし**もせずに**、そのまま生で飲める国など世界広しといえどもそう多くはない。

「〜もせずに」는 '당연히 하리라 생각되는 것을 하지 않고'라는 의미를 나타내는 예스러운 표현입니다.

① 父は具合が悪いのに、医者に行きもせずに仕事を続けている。
아버지는 몸이 좋지 않은데도 병원에 가지도 않고 (의사에게 찾아가지도 않고) 계속 일을 하고 있다.

② 彼は上司の許可を得もせずに、新しいプロジェクトを進めた。
그는 상사의 허가를 받지도 않고 새로운 프로젝트를 추진했다.

2. 水をそのまま生で飲める国など世界広し**といえども**そう多くはない。

「〜といえども」는 「〜といっても」「〜ではあるが」라는 의미를 나타내는 예스러운 표현입니다.

① どんな大金持ちといえども、お金で解決できない悩みがあるはずだ。
어떠한 갑부라 해도 돈으로 해결하지 못하는 고민이 있을 것이다.

② 名医といえども、すべての患者を救うことはできない。
명의라 해도 모든 환자를 구할 (살릴) 수는 없다.

3. **よほど**英語が堪能な人**でも**、そう簡単には訳せないだろう。

「よほど〜でも」는 「非常に〜であっても」「どんなに〜であっても」라는 의미를 나타냅니다.

① よほどけちな人でも、あの吉本さんには勝てないだろう。
상당히 인색한 사람이라도 저 요시모토 씨에게 이길 수는 없을 것이다.

② よほど不器用な人でも、この機械を使えば、ちゃんとした物が作れるはずだ。
아무리 서투른 사람이라도 이 기계를 사용하면 제대로 된 물건을 만들 수 있을 것이다.

4. 日本人が**いかに**水と密着して独自の水文化を築きあげてきた**か**がよくわかる。

「いかに〜か」는 「非常に〜である」라는 것을 강조하는 표현입니다.

① 朝のラッシュを見ると、日本人がいかに我慢強いかが分かる。
아침의 러시아워를 보면 일본인들이 얼마나 인내심이 강한지를 알 수 있다.

② 自然の力の前では人間の存在などいかに小さなものかを知った。

자연의 힘 앞에서는 인간의 존재 따위 얼마나 작은 것인지를 알았다.

5. さすがの通人、二の句もつげなかった**とか**。

보통형 ＋ とか。

「…とか。」는 「～そうだ (전문．伝聞)」「はっきりとではないが～と聞いた。」라는 의미의 격의 없는 문장체 표현입니다.

① 隣のご主人、最近見かけないと思ったら、2週間前から入院しているとか。

옆집 남편, 요즘 안 보인다 싶었더니, 2주 전부터 입원해 있다는 거 같던데.

② お嬢さんが近々結婚なさるとか。おめでとうございます。

따님이 곧 결혼하신다면서요. 축하 드립니다.

③ 先週のゴルフ大会では社長が優勝なさったとか。

지난 주 골프 대회에서는 사장님께서 우승하셨다면서요.

6. 私**に言わせれば**、「本当にそんな名水、まだ日本に残っているのかいな」と疑いたくなる。

N ＋ に ＋ 言わせれば／言わせると／言わせたら／言わせるなら

「～に言わせれば」는 사람을 나타내는 명사에 붙어 「その人の意見では」라는 의미를 표현합니다. 다른 사람과는 달리 그 사람의 독자적인 의견을 말하고 있다는 뜻이 나타납니다.

① 経済の専門家に言わせれば、円はこれからもっと高くなるらしい。

경제 전문가의 말로는, 엔화가 앞으로 더 상승한다고 한다.

② 口の悪い弟に言わせると、「長」がつく人間は信用してはいけないそうだ。

입이 험한 동생의 말을 빌리자면, '長 (장)'이 붙는 인간은 믿어서는 안 된다고 한다.

③ 200年前の日本人に言わせたら、現代の若者が話している日本語は外国語みたいだと言うだろう。

200년 전의 일본인에게 말을 시킨다면, 현대의 젊은이가 이야기하는 일본어는 외국어 같다고 할 것이다.

話す・聞く

7. 日本の食事スタイルの問題点を、データ**に基づいて**お話ししたいと思います。

N ＋ に基づいて

「～に基づいて」는 '～을 근거로 해서'라는 의미를 나타냅니다. 명사를 수식할 때는「～に基づいた」의 형태가 됩니다.

① この映画は、事実に基づいて作られている。
이 영화는 사실에 입각해서 만들어졌다.

② デパートでは、調査結果に基づいた新しいサービスを導入した。
백화점에서는 조사 결과를 바탕으로 새로운 서비스를 도입했다.

③ 予想ではなく、経験に基づいて判断しました。
예상이 아니라 경험을 근거로 판단했습니다.

8. 15年ほどの間に食事のとり方も大きく変化してきた**と言えます**。

V / **いA**	보통형	**＋ と言えます**
なA / **N**	보통형 **－だ**	

「～と言える」는「～と判断できる」라는 의미를 나타냅니다.

① 日本の経済力を考えると、国際社会における日本の責任は大きいと言える。
일본의 경제력을 생각하면 국제 사회에서의 일본의 책임은 크다고 할 수 있다.

② 人口増加によって、地球温暖化はますます進むと言えるのではないでしょうか。
인구 증가에 따라 지구 온난화는 점점 더 진행된다고 할 수 있지 않을까요?

③ お金があれば幸せだと言えるのでしょうか。
돈이 있으면 행복하다고 말할 수 있는 걸까요?

9. 日本の食卓は豊かですが、**一方で**食の外部化率の上昇や「個食」の増加といったことが起きています。

…が、一方で

보통형		**＋ 一方で**
なA －だ → －な／－である		
N －だ → －である		

「一方で」는 앞서 말한 것과는 반대의 평가를 갖는 사항을 말할 때에 사용합니다.「一方では」「一方」의 형태로 사용되는 경우도 있습니다.

① 日本は技術が進んだ国だが、一方で古い伝統文化も大切にしている。
일본은 기술이 발달한 나라지만, 한편으로 오랜 전통 문화도 소중히 여기고 있다.

② 英語は小さい時から学ばせたほうがいいという意見もある一方で、きちんと母語を学んでからにしたほうがいいという意見もある。
영어는 어려서부터 배우게 하는 게 좋다는 의견도 있는 한편, 제대로 모국어를 배운 뒤에 하는 편이 좋다고 하는 의견도 있다.

③ コレステロール値が高いのは問題だが、一方ではあまり低すぎるのも長生きできないという調査結果がある。
콜레스테롤 수치가 높은 것은 문제이지만, 한편으로는 너무 낮은 것도 장수 할 수 없다는 조사 결과가 있다.

10. このような現象は日本**に限らず**、ブラジルでも他の国でも起きている。

N ＋ に限らず

「～に限らず」는 「～だけでなく（ほかにも）」라는 의미를 나타냅니다.

① このキャラクターは、子どもに限らず大人にも人気がある。
이 캐릭터는 어린이뿐만 아니라 어른들에게도 인기가 있다.

② 海外ではお寿司やてんぷらに限らず、豆腐料理なども人気がある。
해외에서는 초밥과 튀김뿐만 아니라, 두부 요리 등도 인기가 있다.

③ バリアフリーとは障害を持った人やお年寄りに限らず、誰でもが快適に利用できるということです。
배리어프리 (barrier-free)란 장애를 가진 사람이나 노인뿐만 아니라 누구나 쾌적하게 이용할 수 있다는 뜻입니다.

제 22 과

読む・書く

1. ネクロロジー集に玉稿をたまわりたく、お手紙をさしあげた**次第です**。

「〜次第です。」는「중지형／て형，〜次第です。」의 형태로 쓰며「〜という理由で、…しました。」라는 의미를 나타냅니다.「〜という次第で、…」는「〜という理由で、…」라는 의미가 됩니다.

① 関係者が情報を共有すべきだと考え、皆様にお知らせした次第です。
　관계자가 정보를 공유해야 한다고 생각하여 여러분께 알리는 바입니다.

② 私どもだけではどうしようもなく、こうしてお願いに参った次第でございます。
　저희들만으로는 어찌할 도리가 없어 이렇게 부탁을 드리러 찾아 뵌 것입니다.

2. それ**をもって**「客観的評価」**とされている**ことに私たちはあまり疑問を抱きません。

「〜をもって…とする」는「〜を…と見なす〜을 〜로 간주하다」라는 의미를 나타냅니다.

① 出席率、授業中の発表、レポートをもって、評価とします。
　출석률，수업 중의 발표，리포트를 가지고 평가하겠습니다.

② 拍手をもって、賛成をいただいたものといたします。
　박수로써 찬성해 주신 것으로 간주하겠습니다.

3. 小社**におきましては**、目下『私の死亡記事』というネクロロジー集を編纂中です。

N ＋ におきましては

「〜においては／〜におきましては」는 범위를 한정하는「〜では」의 딱딱한 표현입니다. 특히「〜におきましては」는 매우 딱딱한 표현입니다. 그래서 딱딱한 문체에서는「〜では」보다 즐겨 사용됩니다.

① 経済成長期の日本においては、収入が2〜3年で倍になることもあった。
　경제 성장기의 일본에서는 수입이 2〜3년만에 갑절이 되는 경우도 있었다.

② 外国語の学習においては、あきらめないで続けることが重要だ。
　외국어 학습에 있어서는 포기하지 않고 계속하는 것이 중요하다.

③ 皆様におかれましてはお元気にお過ごしのことと存じます。

여러분께서는 건강하게 지내시리라고 생각합니다.

4. 本人が書いた死亡記事は、時代を隔てても貴重な資料になり**うる**のではないか。

Vます형 ＋ うる／える

「〜うる／える」는「〜ことができる」라는 것을 표현합니다. 한자로는「得る」라고 쓰며, 두 가지 읽는 법이 있으나,「うる」를 자주 사용합니다. 또한, 부정형은「えない」를 사용합니다.

① 就職に関する問題は彼一人でも解決しうることだ。

취업에 관한 문제는 그 사람 혼자서도 해결할 수 있는 일이다.

② 今のうちにエネルギー政策を変更しないと、将来重大な問題が起こりうる。

지금 빨리 에너지 정책을 변경하지 않으면 장차 중대한 문제가 일어날 수 있다.

③ 彼女が他人の悪口を言うなんてことはありえない。

그녀가 다른 사람 욕을 한다는 건 있을 수 없다.

「〜ことができる」와 매우 유사하지만「〜ことができる」가 의지 동사로밖에 사용할 수 없는 데 비해「〜うる／える」는 비의지동사로도 사용할 수 있다.

④ この問題は容易に解決することができる／解決しうる。

이 문제는 쉽게 해결할 수 있다.

⑤ 日本ではいつでも地震が起こりうる。

일본에서는 언제든지 지진이 일어날 수 있다.

또한 사람을 주어로 하는 글에서는 보통「〜うる／える」는 사용할 수 없습니다.

⑥ 田中さんは100メートルを10秒台で走ることができる。

다나카 씨는 100미터를 10초대에 달릴 수 있다.

5. 氏は生前、三無主義を唱えていたため、遺族もこれを守り、その結果、氏の死の事実が覆い隠されることになった**のであろう**。

V
いA } **보통형**
なA
N } **보통형 ーだ → な**
} **＋ のであろう／のだろう**

「…のであろう（のだろう）」는 그 앞의 글의 이유, 또는 앞의 글에서 묘사되어 있는 상황에 대한 해석을 상상해서 서술하고 있는 것을 나타냅니다.

① 洋子さんは先に帰った。保育所に子どもを迎えに行ったのだろう。

요코 씨는 먼저 돌아갔다. 어린이집에 아이를 데리러 갔을 것이다.

② ガリレオは「それでも地球は回る」と言った。地動説への強い信念があったのであろう。
갈릴레오는 '그래도 지구는 돈다'고 말했다. 지동설에 대한 강한 신념이 있었던 것이리라.

③ 田中さんがにこにこしている。待ち望んでいたお子さんが生まれたのだろう。
다나카 씨가 싱글벙글하고 있다. 애타게 기다리던 아이가 태어난 모양이다.

④ 山田さんの部屋の電気が消えている。彼は出かけているのだろう。
야마다 씨 방의 불이 꺼져 있다. 그는 외출한 모양이다.

④의 경우 「山田さんの部屋の電気が消えている」의 해석으로서 「彼は出かけている」라는 것을 상상하고 있음을 나타냅니다. 만일, 이 해석이 말하는 사람의 생각 속에서 의심의 여지가 없는 것이라면 「のだ」를 사용합니다.

・山田さんの部屋の電気が消えている。彼は出かけているのだ。

즉, 이 경우 「のだろう」는 「の (だ) +だろう」의 의미를 나타내고 있습니다. 비슷한 관계가 되는 표현으로 「のかもしれない・のにちがいない」가 있습니다.

6. 遺族は残された遺灰を、一握りずつ因縁のある場所に散布している**と思われる**。

V, いA	보통형	+ と思われる
なA, N	보통형 / ーだ	+ と思われる

「～と思われる」는 문장체로, 필자의 의견을 서술하는 데 사용됩니다. 문장체, 특히 논문에서는 「～と思う」가 아닌 「～と思われる」를 사용하는 것이 일반적입니다. 매우 유사한 표현으로 「～と考えられる」가 있습니다.

① 世界の経済の混乱はこの先5、6年は続くと思われる。
세계 경제의 혼란은 앞으로 5, 6년은 계속 되리라 생각된다.

② 彼の指摘は本社の経営上の問題の本質を突いていると思われる。
그의 지적은 본사 경영상의 문제의 본질을 꿰뚫고 있다고 생각된다.

③ エコロジーは世界中で必要な思想だと思われる。
생태학은 세상에서 필요한 사상이라고 여겨진다.

話す・聞く

7. 保育所がない。あった**としても**、費用が高い。

「～ない。～たとしても、…。」는, 「～」가 없기 (아니기)때문에 당연히 「…」의 결과에 이르게 되었음을 암시합니다. 「～たとしても」는 「たとえ～たとしても… (가령 ～라 하더라도)」의 의미로, 「～」을 어느 정도는 인정한다 하더라도 「…ない」가 성립되는 것이 아니고, 「～」의 결과에 이르게 된다는 것을 뜻합니다.

① 村には電気はなかった。ろうそくはたとえあったとしても高価でとても買えなかった。[だから、夜は勉強ができなかった]
마을에는 전기는 없었다. 촛불은 설령 있었다고 해도 비싸서 도저히 살 수 없었다. [그래서, 밤에는 공부를 할 수 없었다]

② そのホテルにはぜひ一度夫婦で泊まってみたいのですが、希望の土曜日になかなか予約が取れません。土曜日に予約が取れたとしてもシングルの部屋しか空いていないのです。[だから、泊まれません]
그 호텔에는 꼭 한번 부부가 함께 묵고 싶지만 희망하는 토요일에 좀처럼 예약을 잡을 수 없습니다. 토요일에 예약이 잡힌다고 해도 싱글룸 밖에 비어 있지 않습니다. [그래서 묵을 수 없습니다]

③ パワーポイントで作成したファイルを受け取ったのですが、開くことができなかったり、開いたとしても内容が読み取れません。[だから、困っています]
파워 포인트로 작성한 파일을 받았는데 열리지 않거나, 열었다고 해도 내용을 읽을 수가 없습니다. [그래서 곤란합니다]

8. これでは子どもを産**もうにも**産め**ない**と思うのですが。

「〜(よ)うにも…ない」는「〜したいのだが、…することができない」라는 의미를 나타냅니다.

① 上司や同僚がまだ仕事をしているので、帰ろうにも帰れない。
상사나 동료가 아직 일하고 있어서 집에 가려 해도 갈 수가 없다.

② パスワードが分からないので、データを見ようにも見られない。
패스워드를 몰라서 데이터를 볼래야 볼 수가 없다.

9. お年寄りだけの家庭では負担の**わりに**受ける恩恵が少ない。

「〜わりに…」는 '…이〜로부터 예상될 정도의 것은 아니다'라는 의미를 나타냅니다.

① 映画「王様のスピーチ」はタイトルのわりにはおもしろかった。
영화 '왕의 연설'은 제목에 비해서는 재미 있었다.

② この王様は幼い頃、いじめられたわりにはまっすぐな性格をしている。
이 왕은 어린 시절, 괴롭힘을 당한 데 비해서는 올곧은 성격을 갖고 있다.

10. 希望する人は全員保育所に入れるようにする**べきです。**

V 사전형
A くある } ＋ **べきだ**
N・なA　である

「～べきだ」는 '당연히 ～ (인)것이 바람직하다'는 의미를 나타냅니다.「～したほうがいい」보다도 강한 주장을 표현합니다.

① 豊かな国は貧しい国を援助するべきだ。
　풍요로운 나라는 가난한 나라를 원조해야 한다.

② 子どもの前で夫婦げんかをすべきではない。
　자녀 앞에서 부부 싸움을 해서는 안 된다.

③ もう少し早く家を出るべきだった。電車に乗り遅れてしまった。
　좀 더 일찍 집을 나왔어야 했다. 전철을 놓치고 말았다.

부정형은「～べきではない」이며,「～ないべきだ」라는 형태는 없습니다.

④ 友人の秘密を他人に {○話すべきではない・×話さないべきだ}。
　친구의 비밀을 다른 사람에게 말해서는 안 된다.

「～なければならない」와 비슷하지만, 다음과 같이 구별해서 사용합니다.

a. 법률로 규정되어 있는 것에는「なければならない」밖에 쓸 수 없다.

⑤ 義務教育の年齢の子どもを持つ親は、子どもを学校に {○通わせなければならない・×通わせるべきだ}。
　의무 교육 연령의 자녀를 둔 부모는 아이를 학교에 보내지 않으면 안 된다.

b. 청자에게 권유할 때는「べきだ」쪽이 어울린다.

⑥ 大学生のうちに、M. ヴェーバーの『職業としての学問』を {○読むべきだ・?読まなければならない}。
　대학생일 때 막스 베버 (Max Weber)의『직업으로서의 학문』을 읽어야 한다.

(이 예문에서「なければならない」를 쓰면,「大学生のうちにこの本を読むことが義務である(대학생 때 이 책을 읽는 것이 의무이다)」라는 의미가 되어「べきだ」가 나타내는 당위적인 의미와 다릅니다.

11. 育児休暇が取りやすいように、**というより**、みんなが取らなければならないように法律で縛ればいいんじゃないでしょうか。

보통형
なA
N } **－だ** } ＋ **というより**

「〜というより、…」는 '〜에서 서술한 것을 수정하여, 더 어울리는 표현으로서 …을 제시하다' 라고 하는 표현입니다.

① 治(なお)す医療(いりょう)、というより、人間がもともと持っている回復(かいふく)する力に働(はたら)きかける医療が求(もと)められている。
고치는 의료라기보다 인간이 원래 가지고 있는 회복하는 능력에 작용하는 의료가 요구되고 있다.

② ゴッホにとって絵は、描(か)きたいというより、描かなければならないものだった。
고흐에게 있어 그림은, 그리고 싶다기보다 그려야만 하는 것이었다.

③ 歴史(れきし)を学ぶことは、過去(かこ)を知るというより、よりよい未来(みらい)を築(きず)くためなのです。
역사를 배우는 것은 과거를 안다기보다 더 나은 미래를 구축하기 위한 것입니다.

제 23 과

読む・書く

1. 一度失敗すると、あとのつけは数百年**に及ぶ**可能性がある。

「〜に及ぶ」는 '그 글의 주어에서 나타나는 사항이 〜에 까지 이른다'는 것을 나타냅니다.

① 害虫による松の被害は県内全域に及んでおり、元の状態に回復するにはかなりの時間がかかるだろう。
해충에 의한 소나무의 피해는 현내 전역에 미치고 있어 원상태로 회복하려면 상당한 시간이 걸릴 것이다.

② 2004年の大津波の被害はインドネシアからインドの海岸にまで及んだ。
2004년의 큰 해일의 피해는 인도네시아에서 인도의 해안에까지 이르렀다.

③ 議論は国内問題にとどまらず国際問題にまで及び、今回の会議は非常に実りのあるものとなった。
국내 문제에 그치지 않고 국제 문제까지 논의하게 되었으며 이번 회의는 매우 알찬 회의가 되었다.

2. 一度失敗すると、あとのつけは数百年に及ぶ**可能性がある**。

「『…』が起きる可能性がある」라는 것을 나타냅니다.

① あの学生は基礎的な学力があるし、努力家だから、これから大きく伸びる可能性がある。
그 학생은 기초적인 학력이 있고, 노력가여서 앞으로 크게 성장할 가능성이 있다.

② 携帯電話は非常時の連絡に便利だが、場所によってはかからなくなる可能性もある。
휴대전화는 비상시에 연락할 때 편리하지만 장소에 따라서는 걸리지 않을 가능성도 있다.

3. 「コモンズの悲劇」という有名な言葉がある。**この**言葉は地球の環境と人間活動を考える上でとても重要な意味をもつようになってきた。

この ＋ N

앞서 나온 말이나 문장을 받아, 거기에 새롭게 이름을 붙여 서술할 때는「その」가 아닌「この」를 사용합니다. 이 경우「この」뒤에 오는 명사는「言葉、表現、言い方、ニュース、知らせ」와 같이, 그 자체에 내용이 있는 것으로,「〜というN」으로 표현할 수 있는 것들입니다.

① 「生きるべきか死ぬべきかそれが問題だ」。この言葉はシェークスピアの『ハムレット』に出てくるものだ。

‘죽느냐 사느냐 그것이 문제로다.’ 이 말은 셰익스피어의『햄릿』에 나오는 것이다.

② 「本店は来月いっぱいで閉店します」。この発表を聞いたとき、大変驚いた。

‘본점은 다음달 말에 폐점합니다.’ 이 발표를 들었을 때, 매우 놀랐다.

③ 「ワールドカップ2010でスペインが優勝した」。このニュースを私は病院で聞いた。

‘월드컵 2010에서 스페인이 우승했다.’ 이 뉴스를 나는 병원에서 들었다.

4. 「コモンズの悲劇」という言葉は地球の環境と人間活動を考える**上で**重要な意味をもつ。

V 사전형／Vた형 ＋ 上で

(1) 「사전형＋上で」는 어떤 행위를 할 때에 필요하거나 중요한 것을 서술할 때 사용한다.

① お見舞いの品を選ぶ上で、気をつけなければならないことはどんなことですか。

문병 선물을 고르는 데 있어 주의해야 할 것은 어떤 것입니까?

② 今回の災害は今後の防災を考える上で、非常に重要なものとなるにちがいない。

이번 재해는 향후 재해 방지를 고려하는 데 있어 매우 중요한 것이 됨에 틀림 없다.

③ 新しい会社をつくる上で、この会社で得た経験が役に立つと思います。

새 회사를 차리는 데 있어 이 회사에서 얻은 경험이 도움이 되리라 생각합니다.

④ 値段を決める上で、最も重要なのは製品のコストだ。

가격을 결정하는 데 있어 가장 중요한 것은 제품의 제조원가다.

⑤ 人間が成長する上で、愛情は欠かせないものだ。

인간이 성장하는 데 있어 애정은 없어서는 안 되는 것이다.

⑥ 論文を読む上で大切なことは、筆者の意見をそのまま受け入れるのではなく、常に批判的に読むことである。

논문을 읽는 데 있어 중요한 것은 필자의 의견을 그대로 받아들이는 것이 아니라 항상 비판적으로 읽는 것이다.

(2) 「Vた형＋上で」는 어떤 행위를 한 뒤에 다음으로 하는 동작을 서술합니다.

⑦ 次回の授業には、この論文を読んだ上で参加してください。

다음 수업에는 이 논문을 읽은 뒤에 참석해 주세요.

5. 地球環境を制御するシステムの理解が深まる**につれて**、無数の解決策が見えてくるであろう。

N
V 사전형 } **+ につれて**

「～につれて…」는 '～라는 사건에 대해서 변화가 진행되면, 그것과 대응해서 …라는 변화가 진전된다'라는 의미를 나타냅니다.

① 日本語が分かってくるにつれて、日本での生活が楽しくなった。
일본어를 알게 됨에 따라 (알게 되면서) 일본에서의 생활이 즐거워졌다.

② あのとき謝ったけれど、時間が経つにつれて、腹が立ってきた。
그때 사과했지만, 시간이 지남에 따라 (시간이 갈수록) 화가 치밀었다.

③ 調べが進むにつれて、事実が明らかになると思われる。
조사가 진행됨에 따라 사실이 밝혀지리라고 생각된다.

④ 子どもの成長につれて、家族で過ごす時間が減ってきた。
자녀가 성장함에 따라 가족이 함께 보내는 시간이 줄어들었다.

話す・聞く

6. 悲しい**ことに**、インドネシアには絶滅の恐れのある鳥類が141種もいます。

「い형용사・な형용사＋ことに、～」는, 그 글 전체에 대한 화자, 필자의 감정・평가를 나타냅니다.「～ことは い형용사・な형용사(ことだ)」로 바꿔 쓸 수 있다. 동사의 경우는「困った」「驚いた」등 제한된 동사 밖에는 접속하지 않습니다.

① おもしろいことに、メキシコとエジプトは遠く離れているにもかかわらず、同じようなピラミッドが造られている。
홍미롭게도 멕시코와 이집트는 멀리 떨어져 있음에도 불구하고 비슷한 피라미드가 만들어졌다.

② 残念なことに、オリンピックから野球がなくなった。
안타깝게도 올림픽에서 야구가 없어졌다.

③ 驚いたことに、40年ぶりに訪ねた故郷の小学校がなくなっていた
놀랍게도 40년 만에 찾은 고향의 초등학교가 없어졌다.

7. インドネシアには絶滅の**恐れのある**鳥類が141種もいます。

「恐れがある」는 '좋지 않은 일이 일어날 가능성이 있다'라는 의미를 나타냅니다. 명사를 수식할 때는「恐れがあるN／のあるN」모두 쓸 수 있습니다.

① 台風13号は九州に上陸する恐れがあります。

태풍 13호는 규슈에 상륙할 우려가 있습니다.

② やけどの恐れがありますから、この機械に絶対に触らないでください。

화상의 우려가 있으니 이 기계에 절대 손대지 마세요.

8. ブナ林のすばらしさは言う**までもありません**。

「V사전형＋までもない」는 '～할 필요가 없을 정도로 분명하다'라는 의미를 나타냅니다.

① 彼女の返事は聞くまでもない。イエスに決まっている。

그녀의 대답은 들어볼 필요도 없다. 분명히 Yes라고 할 것이다.

② 彼の息子なら大丈夫だろう。会うまでもないさ。

그의 아들이면 괜찮을 거야. 만나볼 필요도 없어.

9. 東北へ旅行に行ったとき、白神山地でクマゲラと偶然出合ったのです。それ**がきっかけで**、クマゲラと森について考えるようになりました。

Nをきっかけに

Nがきっかけで

「～がきっかけで／～をきっかけに、V」는 '～가 계기가 되어 그 뒤 V하게 되다／N가 되다'라는 의미를 나타냅니다.

① 小学生の頃プラネタリウムを見たことがきっかけで、宇宙に興味を持つようになった。

초등학생 시절, 플라네타륨을 본 것을 계기로 우주에 흥미를 갖게 됐다.

② 今回のビル火災をきっかけに、各階にスプリンクラーの設置が義務づけられた。

이번 빌딩 화재를 계기로 각층에 스프링클러 설치가 의무화되었다.

③ 通学の電車で彼女の落とし物を拾ってあげました。それをきっかけに話すようになり、今では大切な親友の一人です。

통학 전철에서 그녀가 떨어뜨린 물건을 주워 주었습니다. 그것을 계기로 이야기하게 되어, 지금은 소중한 친구 중 한 명입니다.

10. 白神山地にはクマゲラ**をはじめ**、多種多様な動植物が見られます。

N ＋ をはじめ

「～をはじめ」는 몇 가지의 내용을 열거할 때의 첫번째 내용을 나타냅니다.

① カラオケをはじめ、ジュードー、ニンジャなど、世界共通語になった日本語は数多くある。

가라오케를 비롯해 쥬도 (유도), 닌자 등 세계 공통어가 된 일본어는 수없이 많다.

② 世界には、ナスカの地上絵をはじめ、ネッシー、バミューダ・トライアングルなどいまだ多くの謎が存在する。

세계에는 나스카 평원을 비롯해 네시, 버뮤다 삼각지대 등 아직도 많은 수수께끼가 존재한다.

③ 市長をはじめ、皆様のご協力で今日のこの日を迎えることができました。

시장을 비롯해 여러분의 협력으로 오늘 이 날을 맞이할 수 있었습니다.

제 24 과

読む・書く

1. 世の中には型にあら**ざる**ものはない、といってもいいすぎではない。

「V~~ない~~＋ざるN」는 '동사 ない'가 명사를 수식할 때에 쓰이는 예스러운 표현입니다.

① 歴史にはまだまだ知られざる事実があるはずだ。
   역사에는 아직도 알려지지 않은 사실이 있을 것이다.

② 「見ざる、聞かざる、言わざる」は一つの生き方を示している。
   '보지 말고, 듣지 말고, 말하지 말라'는 하나의 삶의 방식을 나타낸다.

예스러운 형태가 상투적인 표현 속에 남아 있는 것으로, 사용되는 표현은 다음의 경우에 한정되어 있습니다 (이 표현들도 자주 사용되는 형태는 아닙니다).

・～にあらざる（～ではない）
・欠くべからざる（欠かせない、不可欠な）
・知られざる（知られていない）

2. 上は宗教**から**、芸術**から**、生活**に至るまで**、型にはまってないものは一つとしてありません。

「～から～に至るまで…」는 어떤 사항에 관해서 양쪽의 극단을 다루어 모든 것이 …에 들어맞는다는 것을 나타냅니다.

① 自転車のねじから人工衛星の部品に至るまで、どれもこの工場で作っています。
   자전거의 나사부터 인공 위성의 부품에 이르기까지 모두 이 공장에서 만들고 있습니다.

② クラシックからJ-popに至るまで、当店ではどんなジャンルの音楽でもご用意しております。
   클래식부터 J-pop에 이르기까지, 저희 상점에서는 어떤 장르의 음악도 준비되어 있습니다.

3. その竹の一片に彼の肉体と精神をまかせ**きった**ことと思います。

「～きる」는 「完全に～する」라는 의미를 나타냅니다. 또한, 「동작동사＋きる」는, ①의 예처럼 「最初から最後まで～する」라는 의미가 됩니다.

① 彼はマラソンで42.195kmを走りきった。
   그는 마라톤에서 42.195km를 완주했다.

② 赤ちゃんは安心しきった表情で母親の胸で眠っている。
   아기는 마음 푹 놓고 안심한 듯한 표정으로 어머니의 품에서 잠들어 있다.

③ 山本さんは疲れきった顔で座り込んでいる。
   야마모토 씨는 완전히 지친 얼굴로 앉아 있다.

4. それは、しかし天才**ならぬ**我々にとって、唯一の、利休へ近づく道であります。

「V~~ない~~+ぬN」는 '동사 ない'가 명사를 수식하는 형태입니다. 특히 「N_1ならぬN_2」는 「N_1ではないN_2」라는 의미입니다.

① それが、永遠の別れになるとは、神ならぬ私には、予想もできなかった。
그것이 영원한 이별이 될 줄은, 신이 아닌 나는 예상도 못했다.

② いつか宇宙に行きたいと思っていたが、それがついに夢ならぬ現実となった。
언젠가 우주에 가고 싶었었는데, 그것이 마침내 꿈이 아닌 현실이 됐다.

5. なんでも型にはめ**さえ**すれ**ば**、間違いは、おこり得ないのです。

N
Vます형 } + **さえ…ば**
Vて형

いA ~~ーい~~ → くさえあれば

なA } **ーだ + でありさえすれば**
N

「〜さえ…ば、…」는 「〜が満たされれば、それだけで…には十分だ」라는 의미 (충분조건)를 나타냅니다. 예를 들면 「この薬を飲みさえすれば、治りますよ。」라는 문장은 「この薬を飲めば、他のことは何もしなくても治る」라는 의미입니다.

① 非常用として3日分の水と食料を蓄えておきさえすれば、あとは何とかなる。
비상용으로 3일 분의 물과 식량을 비축해 두면 나머지는 어떻게든 된다.

② このグラウンドは、市役所に申し込みさえすれば、誰でも使えます。
이 운동장은 시청에 신청만 하면 누구나 사용할 수 있습니다.

③ 家族が健康に暮らしてさえいれば、十分に幸せです。
가족이 건강하게 지내기만 하면 충분히 행복합니다.

「さえ」를 접속할 때의 형태는 다음과 같이 됩니다.

a. 동사V의 경우 : Vます+さえすれば (예 : 読む→読みさえすれば)

b. 동사V의 て형을 포함하는 표현의 경우 : Vて さえいれば (さえくれば…) (예 : 読んでいる→読んでさえいれば)

c. いA의 경우 : Aく さえあれば (예 : おもしろい→おもしろくさえあれば)

d. なA/N+だ 의 경우 : なA/Nでありさえすれば (예 : 静かだ→静かでありさえすれば、日本だ → 日本でありさえすれば)

6. 型にはまってないものは一つ**として**あり**ません**。

一가 붙는 말 (一日、一時、(誰) 一人、(何) 一つ ＋ として～ない)

「(一를 포함한 표현) として～ない」는 「～でないものはない、すべてのものが～だ」라는 의미를 나타냅니다.

① 似ている声はありますが、調べてみると同じ声は一つとしてありません。
비슷한 목소리는 있지만 조사해 보면 똑같은 목소리는 하나도 없습니다.

② 皆が励まし合った結果、一人としてやめたいと言う者はいなかった。
모두가 서로 격려한 결과, 한 사람도 그만두고 싶다고 말하는 사람은 없었다.

③ 故郷で暮らす母を思わない日は一日としてありません。
고향에서 지내는 어머니를 생각하지 않는 날은 단 하루도 없습니다.

7. たった一人で、人跡絶えた山奥にでも住まぬ**以上**、型にはまらないで暮らすわけにはゆきません。

V 보통형 ＋ 以上 (は)

「V보통형 (～) ＋ 以上…」는 '～인 것은 사실임을 확인하고 …라는 것을 주장／서술한다'는 의미를 나타냅니다.

① 相手が「うん」と言わぬ以上、あきらめるしかありません。
상대가 '응'이라고 말하지 않는 이상, 포기할 수밖에 없습니다.

② 家賃が払えない以上、出ていくしかない。
집세를 못 내는 이상, 나갈 수밖에 없다.

③ 結論が出た以上、実施に向けて計画を進めます。
결론이 나온 이상, 실시를 위해 계획을 진행하겠습니다.

8. 面倒くさいきずなを、ズタズタに切りさか**ぬかぎり**、社会人たる私達は、なんといおうと、型にはまらないで暮らすわけにはゆきません。

Vない형 －ない／－ぬ ＋ かぎり
(＊「する」→「せぬかぎり」)

「～ない／～ぬかぎり、…」는 「～がなければ…はない」라는 의미를 나타냅니다. 「～ぬ」가 더 예스러운 표현입니다.

① 私が病気にでもならぬかぎり、この店は売りません。
내가 병이라도 들지 않는 한 이 집은 팔지 않겠습니다.

② あきらめないかぎり、チャンスは必ず来ると思う。
포기하지 않는 한 기회는 반드시 오리라 생각한다.

③ ご本人の了承がないかぎり、個人情報はご提供できません。

본인의 승낙이 없는 한 개인 정보는 제공할 수 없습니다.

9. 面倒くさいきずなを、ズタズタに切りさかぬかぎり、社会人たる私達は、なんといおうと、型にはまらないで暮らす**わけにはゆきません。**

V사전형／Vない형　ーない　＋　わけにはい（ゆ）きません

「〜わけにはい（ゆ）かない」는 '〜을 하는 것은 용서할 수 없는 일이다／불가능하다' 라는 의미를 나타냅니다.「わけにはいかない」는「〜（だ）から／〜くて」와 같은 이유를 나타내는 말과 함께 사용되는 경우가 많습니다.

① どんなに生活に困っても、子どもの学費のために貯金してきたこのお金を使うわけにはいかない。

아무리 생활이 궁해도 아이 학비를 위해 저금해 온 이 돈을 쓸 수는 없다.

② 遅刻も1回、2回なら許してもいいが、3回も4回も重なると許すわけにはいかない。

지각도 한두 번이라면 용서할 수 있지만, 서너 번 거듭되면 용서할 수 없다.

③ 失業中だからといって、親に頼るわけにはいかない。

실업 중이라고 해서 부모에게 기댈 수는 없다.

10. 本人にはちっとも型をつくる気はなかったのに、その人々が利休をしのぶ**あまりに、**茶道の型をでっち上げたのです。

Nのあまり［に］

V 사전형　＋　あまり［に］

「~~V보통형~~→V사전형／N ＋ の ＋ あまり（に）…」는「とても〜で、その結果…（てしまう）」라는 의미를 나타냅니다.

① 子どものことを心配するあまり、つい電話をしては嫌がられている。

아이를 걱정한 나머지 그만 전화를 해서는 싫은 소리를 듣는다.

② ダイエットに励むあまり、病気になった。

다이어트에 열중한 나머지 병이 났다.

③ 彼は驚きのあまりに、手に持っていたカップを落としてしまった。

그는 놀란 나머지 손에 들고 있던 컵을 떨어뜨리고 말았다.

학습항목

※ '읽기・쓰기' '말하기・듣기'에 제시된 문법 항목을 '이해 항목'과 '산출 항목'으로 나누었다.

과	読む・書く (읽기・쓰기)	話す・聞く (말하기・듣기)
제 13 과	**ゲッキョク株式会社** (겟쿄쿠 주식회사)	**勘違いしてることってよくありますよね** (착각하는 일 자주 있지요?)
목표	・수필을 읽는다. ・시간의 경과 속에서 변화하는 필자의 심정을 읽고 이해한다.	・일상적인 사교 장면에서 수다, 잡담, 회화를 이어간다. ・에피소드를 이야기한다.
이해항목	1. ～たて 2. たとえ～ても 3. ～たりしない	5. …んだって?
산출항목	4. ～ほど	6. ～ながら 7. つまり、…という/ってことだ 8. …よね。
제 14 과	**海外で日本のテレビアニメが受けるわけ** (해외에서 일본의 TV 애니메이션이 인기 있는 이유)	**謎の美女と宇宙の旅に出るっていう話** (수수께끼의 미녀와 우주 여행을 떠나는 이야기)
목표	・해설문을 읽는다. ・이유를 찾으며 읽는다. ・두 가지 일의 관계를 읽고 이해한다.	・스토리텔링. ・이야기를 재촉한다. ・공감한다. 감상을 말한다.
이해항목	1. ～際 2. ～といった 3. ～に(も)わたって	10. …っけ? 11. ～げ
산출항목	4. ～うちに 5. ～にとって 6. ～とは	

	7. ～において 8. …わけだ 9. …のではないだろうか	
제 15 과	**働かない「働きアリ」** **(일하지 않는 '일개미')**	**イルワンさんの右に出る人はいないということです** **(일완 씨를 능가할 사람은 없다는 뜻입니다)**
목표	・설명문을 읽는다. ・조건과 결과를 나타내는 글을 읽는다.	・말을 잇는다. 말을 도중에 끝맺는다. ・칭찬한다. 겸손하게 말한다.
이해항목	1. …という 2. ～たびに	7. …ほどのものじゃない 8. ～だけでなく
산출항목	3. ～に関(かん)する 4. …わけではない 5. …のではないか 6. …のだ (바꿔말하기)	9. ～といえば
제 16 과	**個人情報流出(こじんじょうほうりゅうしゅつ)** **(개인 정보 유출)**	**不幸中(ふこうちゅう)の幸(さいわ)いだよ** **(불행 중 다행이야)**
목표	・신문기사 (사회면)를 읽는다. ・기사의 요점을 재빨리 파악한다. ・사실 관계를 읽고 이해한다.	・쓰라린 체험을 이야기한다. ・위로한다. 기운을 북돋는다.
이해항목	1. ～に応(おう)じる・～に応じて 2. ～によって 3. ～とみられる 4. …としている	8. あんまり…から
산출항목	5. ～にもかかわらず 6. …とともに 7. ～たところ	9. …ところだった 10. ～に限(かぎ)って

제 17 과	暦（こよみ） (달력)	もうお兄（にい）ちゃんだね (이젠 형이네)
목표	・해설문을 읽는다. ・사물에 관계되는 에피소드를 읽고 이해한다.	・상대에 따라 호칭을 구분해 사용한다. ・상대에 따라 말하는 스타일을 구분해 사용한다.
이해항목	1. ～からなる 2. ～としては 3. ～上（じょう） 4. ～により	7. ～てはじめて 8. ～ったら
산출항목	5. ～ことから 6. ～ざるを得（え）ない	9. ～にしては 10. …からには 11. ～でしょ。
제 18 과	鉛筆削り（えんぴつけずり）（あるいは幸運（こううん）としての渡辺（わたなべ）昇（のぼる）①） (연필깎이 (혹은 행운의 와타나베 노보루①))	あなたこそ、あの本の山はいったい何（なん）なの！ (당신이야말로, 저 책 더미 (무더기) 대체 뭐야!)
목표	・소설을 읽는다. ・등장인물의 행동과 마음 속을 따라가며 자유로운 해석을 즐긴다.	・불만을 말하거나 말대꾸한다. ・사과하거나 상대를 인정하거나 하여 관계를 개선한다.
이해항목		4. ～た 5. だって、…もの。 6. ～たところで
산출항목	1. …に違（ちが）いない 2. ～に比（くら）べて 3. …ものだ・ものではない	7. ～だって 8. ～こそ
제 19 과	ロボットコンテスト －ものづくりは人づくり－ (로봇 콘테스트 - 물건 만들기는 사람 만들기 -)	ちょっと自慢話（じまんばなし）になりますが (좀 제 자랑 같지만)

목표	• 필자가 말하고 싶은 것은 무엇인가. 사실과 평가를 읽고 이해한다. • 제안을 정확하게 파악한다.	• 정리된 형태로 경험과 감상을 말한다. • 모임에서 즉석 스피치 (연설)를 한다.
이해항목	1. ～を対象(たいしょう)に 2. ～ばかりでなく	8. 決(けっ)して～ない
산출항목	3. ～にほかならない 4. ～を通して 5. ～から～にかけて 6. ～はともかく 7. ～ためには	
제 20 과	**尺八(しゃくはち)で日本文化(にほんぶんか)を理解(りかい)** **(통소로 일본문화를 이해)**	**なぜ、日本で相撲(すもう)を取(と)ろうと思われたのですか** **(왜 일본에서 스모를 하려고 생각했습니까?)**
목표	• 신문기사 (문화면)를 읽는다. • 프로필을 통해 그 사람을 안다.	• 인터뷰를 한다. • 인터뷰의 순서를 생각한다. • 인터뷰를 통해 상대가 어떤 인물인지를 안다.
이해항목	1. ～のもとで 2. そう 3. …ぞ。 4. …と同時に	9. ～をこめて 10. ～ば～だけ
산출항목	5. ～しかない 6. ～の末(すえ) 7. ～て以来 8. …くらい	11. ～たとたん（に） 12. ～からといって

제 21 과	**日本の誇り、水文化を守れ** **(일본의 자랑 , 물 문화를 지켜라)**	**発表：データに基づいてお話ししたいと思います** **(발표 : 데이터에 근거해 말씀 드리고 싶습니다)**
목표	・의견을 표명하는 글을 읽는다 . ・필자의 주장을 그 근거나 구체적인 예를 통해 읽고 이해한다 .	・데이터를 바탕으로 정보를 전달하는 연설을 한다 . ・도표를 사용해 설명한다 .
이해항목	1．～もせずに 2．～といえども 3．よほど～でも 4．いかに～か	
산출항목	5．…とか。 6．～に言わせれば	7．～に基づいて 8．～と言える 9．一方（で） 10．～に限らず
제 22 과	**私の死亡記事** **(나의 사망 기사)**	**賛成！** **(찬성 !)**
목표	・편지글 (의뢰장)의 내용을 읽고 이해한다 . ・필자의 죽음에 대한 생각 (사생관 - 죽음과 삶에 대한 견해)을 읽는다 .	・토론에서 의견을 교환하는 기술을 배운다 .
이해항목	1．～次第だ 2．～をもって…とする	7．～としても 8．～（よ）うにも～ない 9．～わりに
산출항목	3．～においては 4．～うる 5．…のであろう 6．～と思われる	10．～べきだ 11．～というより

제 23 과	**コモンズの悲劇（ひげき）** **(공유지의 비극)**	**スピーチ：一人の地球市民（ちきゅうしみん）として** **(연설 : 한 지구 시민으로서)**
목표	・논문을 읽는다. ・필자의 주장을 이해한다.	・많은 사람들 앞에서 연설을 한다. ・자신의 주장을 듣는 사람에게 알기 쉽게 전달한다.
이해항목	1. 〜に及（およ）ぶ 2. …可能性（かのうせい）がある	6. 〜ことに 7. 〜恐（おそ）れのある／がある 8. 〜までもない
산출항목	3. この〜 4. 〜上（うえ）で 5. 〜につれて	9. 〜がきっかけで・〜をきっかけに 10. 〜をはじめ
제 24 과	**型（かた）にはまる** **(틀에 박히다)**	**好奇心（こうきしん）と忍耐力（にんたいりょく）は誰（だれ）にも負（ま）けないつもりです** **(호기심과 인내심은 누구에게도 지지 않는다고 생각합니다)**
목표	・수필을 읽는다. ・필자의 주장을 읽고 이해한다. ・비교하면서 읽는다.	・취직시험 면접을 본다. ・자신을 어필한다. ・전공에 대해 상세히 말한다.
이해항목	1. 〜ざる〜 2. 〜から〜に至（いた）るまで 3. 〜きる 4. 〜ならぬ〜	
산출항목	5. 〜さえ〜ば 6. 〜として〜ない 7. 〜以上（は） 8. 〜ないかぎり 9. 〜わけにはいかない／ゆかない 10. 〜あまり（に）	

제 3 부

문법플러스알파

(※명사 등의 어구에 해당할 경우에는 「～」, 문장에 해당할 경우에는 「……」로 표시했습니다.)

1. 복합조사 (둘 이상으로 구성된 「조사에 해당하는 어구」)를 사용해 표현하기

1－1 유사한 예를 든다.

1) **～にしても** 「～」이외에도 유사한 예가 있음을 서술한다.

① 奥様にしてもご主人がノーベル賞を受賞するとは当日まで知らなかったということです。

부인으로서도 남편이 노벨상을 수상하리라고는 당일까지 몰랐다고 합니다.

② オーストラリアでは水不足が続いているので、風呂の水ひとつにしても使う量が制限されているらしい。

오스트레일리아에서는 물 부족이 계속되어 목욕물 하나도 사용하는 양이 제한되어 있다고 한다.

2) **～でも～でも……** 「～」의 예 등, 그 종류에 속하는 것은 전부 「……」라는 것을 나타낸다.

① ワイン買ってきて。赤でも白でもいいけどイタリアのワインね。

와인 사와. 레드든 화이트든 상관없지만, 이탈리아 와인으로.

② 彼は中国語でも韓国語でも理解できる。

그는 중국어도 한국어도 이해할 수 있다.

3) **～といい～といい、……** 「～」도 「～」도 어떤 것에 관해서도 「……」가 해당됨을 나타낸다.

① 姉といい兄といい、みんな会社員になってしまった。父の店を守るのは私以外にいない。

언니도 (그렇고) 오빠도 (그렇고), 모두 회사원이 되었다. 아버지 가게를 지킬 사람은 나 밖에는 없다.

② ここは、味といいサービスといい、最高のレストランだ。

여기는 맛도 (그렇고) 서비스도 (그렇고), 최고의 레스토랑이다.

4) **～というような／といったような／といった……** 「～」을 「……」의 예로 든다.

① 私は金閣寺というような派手なお寺より、三千院といったような地味なお寺のほうが好きだ。

나는 긴카쿠지처럼 화려한 절보다, 산젠인과 같은 수수한 절이 좋다.

② 医師からの説明は、入院前、手術前、手術後といった段階で丁寧にいたします。

입원 전, 수술 전, 수술 후 등의 단계에서 의사가 자세히 설명 드리겠습니다.

③ 移民を受け入れるには、彼らの人権をどのように守るのかといったような問題を解決しなければならない。

이민을 받아들이려면 그들의 인권을 어떻게 지킬 것인가와 같은 문제를 해결해야 한다.

5）**～にしても～にしても／～にしろ～にしろ／～にせよ……**

「～」는「……」의 예이며，어떤 예도 전부「……」라는 것을 나타낸다．의문사와 함께 사용할 때는「～するときはいつも」라는 의미를 표현한다．반복해서 쓸 경우에는「～の場合でも、～の場合でも」라는 의미를 표현한다．

① ローマにしてもアテネにしても、古代遺跡が多く残る都市では地下鉄をつくるのに時間がかかる。

로마든 아테네든，고대 유적이 많이 남은 도시에서는 지하철을 개통(구축)하는 데 시간이 걸린다．

② この先生のゼミに入るためには、中国語にしろ、韓国語にしろ、アジアの言葉を最低１つ勉強しなければならない。

이 선생님의 세미나에 들어가기 위해서는 중국어든 한국어든，아시아 언어를 최소 한 가지 공부해야 한다．

③ 何を食べるにせよ、栄養のバランスを考えることが必要だ。

무엇을 먹든，영양의 균형을 생각하는 것이 필요하다．

④ 出席するにせよ、欠席するにせよ、返事をメールで知らせてください。

참석하든 불참하든，답변을 메일로 알려 주세요．

1－2 극단적인 예를 든다．

1）**～さえ……**「～」는 극단적인 예이며「～」이외는 당연히「……」라는 의미를 나타낸다．

① この病気のことは家族にさえ相談できない。

이 병은 가족에게조차 상의할 수 없다．

② あの当時はお金がなくて、インスタントラーメンさえ買えなかった。

그 당시에는 돈이 없어서 인스턴트 라면조차 살 수 없었다．

1－3 무엇인가 한 가지로 한정한다．

1）**～は～にかぎる** ＝ ～は～が一番だ（「～」은「～」이／가 제일이다）

① 疲れたときは寝るにかぎる。

피곤할 때는 자는 게 제일이다．

② 和菓子は京都にかぎる。

화과자는 교토가 최고다．

1－4　원인・이유를 든다.

1）**～とあって……**　＝　～ということを考えると、……のは当然だ（「～」라는 것을 생각하면 「……」는 것은 당연하다）

① さすがに大学院生とあって、どの論文を読めばいいか、よく知っている。
역시 대학원생이라 그런지, 어떤 논문을 읽으면 좋은지 잘 알고 있다.

② 水曜日は女性が割引料金で見られるとあって、映画館は仕事帰りの女性ばかりだ。
수요일은 여성이 영화를 할인요금으로 볼 수 있다고 해서, 영화관은 퇴근길(에 들른) 여성들뿐이다.

2）**～につき**　＝　～という事情があるので（「～」라는 사정이 있어서）

① 工事中につきバス停の場所を移動しました。
공사 중인 관계로 버스 정류장의 장소를 이동했습니다.

② 来週の月曜日は祝日につき図書館は休館といたします。
다음 주 월요일은 휴일인 관계로 도서관은 휴관합니다.

3）**～ばかりに**　나쁜 결과가 되는 것은 「～」가 원인이라는 감정을 담아서 나타낸다.

① 携帯電話を家に忘れてきてしまったばかりに、待ち合わせをした友達に会えなかった。
휴대전화를 집에 두고 오는 바람에 약속한 친구를 만나지 못했다.

② 英語ができないばかりに、なかなか就職が決まらない。
영어를 못하는 탓에 좀처럼 취직이 되지 않는다.

③ 子どもの病気を治したいばかりに、父親は無理をして働き、とうとう病気になってしまった。
아이의 병을 고치고 싶은 마음에 아버지는 무리해서 일을 하다 결국 병이 나고 말았다.

1－5　예시한다.

1）**～やら～やら**　＝　～や～など

① 急な入院だったので、パジャマやらタオルやらを家に取りに帰る時間もなかった。
급작스러운 입원이었기 때문에 파자마며 수건이며 집으로 가지러 돌아갈 시간도 없었다.

② 押すやら引くやらいろいろやってみたが、このドアはいっこうに開かない。
밀거니 당기거니 이것저것 해 보았지만, 이 문은 전혀 열리지 않는다.

2）**～も……なら、～も……**　「～」에는 모두 「……」라는 면이 있음을 나타낸다.

① 研究者にとって「しつこさ」も長所なら、「あきらめの早さ」も長所だ。場合によって、この２つを使い分ける必要がある。

연구자에게 있어「집요함」도 장점이지만,「빠른 포기」도 장점이다. 경우에 따라서 이 두 가지를 구별하여 사용할 필요가 있다.

② 医者が1人しかいないクリニックも病院なら、何十もの診療科がある総合病院も病院である。自分の病状に合わせて病院を選ぶことが必要だ。

의사가 한 명밖에 없는 클리닉도 병원이라면, 수십 개의 진료과가 있는 종합병원도 병원이다. 자신의 병세에 맞추어 병원을 고르는 것이 필요하다.

1－6 대비해서 서술하다.

1）**〜と違って……**　「……」는「〜」와 다름을 나타낸다.

① 彼女はおしゃべりな姉と違って、無口な女性だ。

그녀는 수다스러운 언니와 달리 과묵한 여성이다.

② 最後の問題はそれまでの問題と違ってかなり難しい。

마지막 문제는 여태까지의 문제와는 달리 꽤 어렵다.

2）**〜のに対して、……**　「〜」는「……」와 대조적이라는 것을 나타낸다.

① 東日本で濃い味が好まれるのに対して、西日本では薄味が好まれる。

동일본에서 신한 맛을 선호하는데 비해 서일본에서는 싱거운 맛을 선호한다.

② 女性が楽観的なのに対して、男性は悲観的だという調査がある。

여성이 낙관전인데 비해 남성은 비관적이라는 조사가 있다.

③ 都市の人口は増えているのに対して、農村の人口は減ってきている。

도시의 인구는 증가하는데 비해 농촌의 인구는 줄어들고 있다.

3）**〜反面**　어떤 한 사물이 가지고 있는「〜」와는 다른 별도의 측면이나 반대의 측면을 나타낸다.

① 工業の発展は人類の生活を豊かにした反面、美しい自然を破壊することにつながった。

공업의 발전은 인류의 생활을 풍요롭게 만든 반면, 아름다운 자연을 파괴시킨 셈이 되어 버렸다.

② 就職して経済的には落ち着いた反面、自由な時間が少なくなり、読みたい本を読む暇もない。

취직해서 경제적으로는 안정된 반면, 자유 시간이 적어져 읽고 싶은 책을 읽을 여유도 없다.

③ 彼女は自信家でプライドが高い反面、傷つきやすく、他人の評価を気にする性格だった。

그녀는 자신만만하고 프라이드가 높은 반면, 상처받기 쉽고 타인의 평가를 신경 쓰는 성격이었다.

1－7　어떤 사실・상황에서 당연히 해야 할 일이나 생각할 수 있는 상태라는 기분을 담는다 .

1）**～のだから**　어떤 사실・상황에서 당연히 해야 할 일이나 마땅히 그러해야 할 상태를 나타낸다 .

① 自分で決めたのだから、最後まであきらめずに頑張りなさい。
스스로 결정했으니 마지막까지 포기하지 말고 힘내세요 .

② まだ小学１年生なんだから、漢字で書けなくても仕方がない。
아직 초등학교 1 학년이니까 한자로 못 써도 어쩔 수 없다 .

③ 急いでください。時間がないんですから。
서두르세요 . 시간이 없으니 .

2）**～だけあって**　어떤 사실・상황에서 예상했던 대로 (좋은) 평가라는 것을 나타낸다 .

① 建築家の自宅だけあって、おしゃれで機能的につくられている。
건축가의 집답게 멋스럽고 기능적으로 지어져 있다 .

② ブランドもののハンドバッグは高いだけあって、品質がいい。
명품 백은 비싼 만큼 품질이 좋다 .

③ スミスさんは 20 年以上日本に住んでいるだけあって、日本語はぺらぺらだ。
스미스 씨는 20 년 이상 일본에 살고 있는 만큼 일본어가 유창하다 .

3）**～だけに**　어떤 사실・상황에서 예상했던 대로 (좋거나 나쁜) 평가라는 것을 나타낸다 .

① 若いだけに、なんでもすぐに覚えられる。
젊은 만큼 뭐든지 금세 외운다 .

② きっと合格すると期待していただけに、不合格の知らせにがっかりした。
틀림없이 합격하리라 기대했던 만큼 불합격 통지에 실망했다 .

1－8　원인・이유가 불확실하다는 의미를 내포한다 .

1）**～からか**　불확실한 원인・이유를 나타낸다 .

① 日曜日の午後だからか、デパートはいつもより込んでいた。
일요일 오후라 그런지 , 백화점은 평소보다 붐볐다 .

② 忙しいからか、お金がないからか、最近田中さんがゴルフに来なくなった。
바빠서인지 , 돈이 없어서인지 , 최근에 다나카 씨가 골프하러 오지 않게 되었다 .

③ 昨晩、遅く寝たからか、職場に来てもまだ眠い。

어젯밤 늦게 자서 그런지, 직장에 와서도 여전히 졸리다.

④ 寝不足からか、一日中、頭が痛かった。

잠이 부족해서인지, 하루 종일 머리가 아팠다.

2) **～ためか** 불확실한 원인・이유를 나타낸다.

① 大雨のためか、電車のダイヤが大幅に乱れている。

호우 때문인지, 전철 운행에 큰 차질을 빚고 있다.

② インフルエンザがはやっているためか、病院の待合室は混雑していた。

독감이 유행하고 있기 때문인지, 병원 대기실은 북적댔다.

＊「ため」가 목적을 나타내는 경우도 있다.

・李さんは、留学資金を貯めるためか、毎日３時間以上もアルバイトしている。

이 씨는 유학자금을 모으기 위해서인지, 매일 3시간 이상이나 아르바이트를 하고 있다.

3) **～のか** 사실인지 어떤지 모르지만, 그것이 원인일 것 같다는 것을 나타낸다.

① 忙しいのか、最近、田中君から連絡が来ない。

바쁜지, 요즘 다나카 군에게서 연락이 오지 않는다.

② どこか具合でも悪いのか、朝から渡辺さんは元気がない。

어딘가 몸이라도 안 좋은지, 아침부터 와타나베 씨는 기운이 없다.

③ 誰かとけんかでもしたのか、娘が学校へ行きたくないと言った。

누구하고 싸움이라도 했는지, 딸이 학교에 가기 싫다고 말했다.

1－9 역접을 표현한다.

1) **～ものの** 예측 또는 기대에 어긋나는 사태나 의미적으로 대립하는 사태를 나타낸다.

① 一生懸命頼んでみたものの、結局引き受けてはもらえなかった。

열심히 부탁해 보았지만, 결국 맡아 주지 않았다.

② たまには家族で旅行したいものの、忙しくて計画も立てられない。

때로는 가족과 여행하고 싶지만, 바빠서 계획도 세울 수 없다.

③ 市内から空港までは、数は少ないものの、バスの直行便がある。

시내에서 공항까지는, 수는 적지만 버스 직행편이 있다.

2）**～とはいうものの**　말로는 그렇지만, 사실은 다르다는 것을 나타낸다.

①　株式会社とはいうものの、社員は５人しかいない。

주식회사라고는 하지만, 사원은 5명 밖에 없다.

②　「酒は百薬の長」とはいうものの、飲み過ぎは健康に悪い。

‘술은 백약의 으뜸’이라고는 하나, 과음은 건강에 해롭다.

③　退院したとはいうものの、まだときどき痛みがある。

퇴원했다고는 하지만, 아직 가끔 통증이 있다.

3）**～どころか**　예측 또는 기대에 어긋나 사실은 그것과 전혀 다르다는 것을 나타낸다.

①　夕方になっても雨は止むどころか、ますます激しくなった。

저녁때가 되어도 비는 그치기는커녕 점점 더 거세졌다.

②　コンサートには観客が100人くらいは来るだろうと思っていたが、100人どころか20人しか来なかった。

콘서트에는 관객이 100명 정도는 오리라 생각하고 있었지만, 100명은 고사하고 20명밖에 오지 않았다.

③　コンサートには観客が100人くらいは来るだろうと思っていたが、100人どころか200人も来た。

콘서트에는 관객이 100명 정도는 오리라 생각하고 있었지만, 100명뿐만 아니라 200명이나 왔다.

4）**～くせに**　어떤 사람이 가진 능력이나 성질 등으로부터 예상되는 것과는 반대임을 나타내며, 그 사람에 대한 비난이나 불만을 표현한다.

①　兄は自分では料理が作れないくせに、いつも他の人が作った料理に文句を言う。

오빠는 자신은 요리를 못하는 주제에 언제나 다른 사람이 만든 요리에 불평을 한다.

②　田中さんは、明日試験があることを知っていたくせに、教えてくれなかった。

다나카 씨는 내일 시험이 있다는 것을 알고 있었으면서도 가르쳐 주지 않았다.

③　弟は、まだ未成年のくせに、お酒を飲もうとして叱られた。

남동생은 아직 미성년인 주제에 술을 마시려고 해서 야단을 맞았다.

5）**～といっても**　앞서 말한 것에 대해서 대단한 정도는 아니라는 것을 나타낸다.

①　英語が話せるといっても、日常会話に困らない程度です。

영어를 할 줄 안다고 해도, 일상생활에 불편하지 않을 정도입니다.

②　東京でも毎年、雪が降る。降るといっても数センチ積もる程度だが。

도쿄에서도 매년 눈이 내린다. 내린다고 해 봤자 몇 센티미터 쌓이는 정도지만.

③　社長といっても、社員10人ほどの小さな会社の社長なんです。
사장이라고 해도 사원 10명 정도의 작은 회사의 사장입니다.

6）**～にしろ／にせよ**　「어떤 사태가 사실이라고 해도」라는 것을 나타낸다.

①　病院へ行くほどではないにしろ、風邪をひいて体がだるい。
병원에 갈 정도는 아니긴 해도. 감기에 걸려 몸이 나른하다 (노곤하다).

②　ほんの短い期間であったにせよ、海外で一人暮らしを経験できたことはよかった。
아주 짧은 기간이었다고는 해도, 해외에서 혼자 사는 경험을 할 수 있었던 것은 좋았다.

1－10　조건을 나타낸다.

1）**～ては**　어떤 상황이 실현되면 좋지 않은 결과가 생긴다 (따라서 그것을 하지 않는 편이 좋다)는 의미를 나타낸다.

①　全員が参加しては、会場に入りきれなくなる。
전원이 참가하면 회장에 다 들어갈 수 없게 된다.

②　全員が協力しなくては、パーティーは成功しません。
전원이 협력하지 않고서는 파티는 성공하지 못합니다.

③　あわてては、普段できることも失敗しますよ。落ち着いてください。
당황해 하면 평소에 할 수 있는 것도 실패해요. 침착하세요.

＊ 동작을 반복한다는 의미도 있다.

・手紙を何度も書いては直した。
편지를 몇 번이나 썼다 고쳤다.

・書いては直し、書いては直し、やっとレポートを完成させた。
썼다 고치기를 반복한 끝에 겨우 리포트를 완성시켰다.

2）**～てみろ**　어떤 사태가 실현되면 좋지 않은 결과가 발생한다 (그러니 그것을 하는 것을 그만두라)는 의미를 나타낸다.

①　約束を破ってみろ、絶対に許さないからな。
약속을 어겨 봐라. 절대 용서 안 할 테니.

②　全員が参加してみろ、会場があふれてしまうよ。
전원이 참가해 봐라. 회장이 넘쳐 버릴 거야.

3）**～てからでないと**　좀 더 빨리 실현시키고 싶다고 생각하던 것이 어떤 사태가 일어난 후에야 실현된다는 것을 나타낸다.

①　病気になってからでないと、健康のありがたみは分からない。
병이 든 뒤가 아니면, 건강의 고마움은 모른다.

②　高校を卒業してからでないと、アルバイトをやらせてもらえなかった。
고등학교를 졸업하지 않으면 아르바이트를 할 수 없었다 (아르바이트를 시켜주지 않았다).

4）**～次第**　「～」이 실현된 바로 뒤에 실시하는 동작을 나타낸다.

① パソコンは修理が終わり次第、お送りします。
컴퓨터는 수리가 끝나는 대로 보내 드리겠습니다.

② 落とし物が見つかり次第、こちらからお電話します。
분실물을 발견하는 대로, 이쪽에서 전화 드리겠습니다.

5）**～次第で**　「～」가 실현되면 될수록, 그 결과가 발생할 확률도 올라간다는 관계를 나타낸다.

① 努力次第で、夢は実現する。
노력에 따라 꿈은 실현된다.

② 教師のアイディア次第で、生徒の学力は伸びる。
교사의 아이디어에 따라 학생의 학력은 신장된다.

6）**～としたら／とすれば／とすると**　일어날지 어떨지 모르는 ～을 가정한 경우를 나타낸다.

① クラス全員が来るとしたら、いすが3つ足りない。隣の教室から持ってこよう。
클래스 전원이 온다면, 의자가 3개 모자란다. 옆 교실에서 가지고 오자.

② 天気予報のとおりに明日大雨だとすると、花見の予定は変更しなければならない。
일기예보대로 내일 큰비가 내린다면, 꽃구경 예정은 변경해야 한다.

7）**～ものなら**　불가능에 가까운 일이 만일 실현된다면 하는 의미를 나타낸다.「의향(의지)형＋ものなら」의 경우에는,「만일 그것이 실제로 일어난다면, 그 후에 엄청난 일이 벌어진다」는 의미를 나타낸다.

① 国の母が入院した。できるものなら今すぐにも帰りたい。
고국에 있는 엄마가 입원했다. 할 수만 있다면 지금 당장이라도 돌아가고 싶다.

② プライドの高い佐藤さんを少しでも批判しようものなら、彼は怒るだろう。
자존심이 강한 사토 씨를 조금이라도 비판했다가는 그는 화를 낼 것이다.

1－11　때 (어느 정도 긴 시간, 순간, 경우 등)을 나타낸다.

1）**～てからというもの**　어떤 일이 일어난 후 계속, 여태까지와는 크게 다른 상태임을 나타낸다.

① 大地震が起こってからというもの、いつも地面が揺れているような気がする。
대지진이 일어난 뒤로는 항상 지면이 흔들리고 있는 듯한 느낌이 든다.

② 退職してからというもの、暇で仕方がない。
퇴직하고 나서는 심심해 미치겠다.

2）**～(か)と思ったら／と思うと**　어떤 일의 바로 직후에 예상 밖의 다른 일이 일어났음을, 또는 그것을 깨달았다는 것을 나타낸다.

① 息子は「ただいま」と言ったと思ったら、もうベッドで横になっていた。

아들은 '다녀왔습니다' 하나 했더니 벌써 침대에 누워 있었다.

② 母はテレビを見ながら泣いていると思ったら、突然笑い始めた。

엄마는 텔레비전을 보며 울고 있나 했더니, 갑자기 웃기 시작했다.

③ この地方の秋は短い。紅葉が始まったと思うとすぐ雪が降り始める。

이 지역의 가을은 짧다. 단풍이 시작하나 했더니 어느새 눈이 내리기 시작한다.

3）**～か～ないかのうちに** 거의 사이를 두지 않고 라는 의미를 나타낸다.

① 彼は宝石を手に取って見るか見ないかのうちにその価値を言い当ててしまう。

그는 보석을 손에 쥐어 보자 마자 그 가치를 알아맞힌다.

② 私が意見を言い終わるか言い終わらないかのうちに、他の人も次々に意見を言い始めた。

내가 의견을 말하자 마자 다른 사람도 잇달아 의견을 말하기 시작했다.

4）**～に際して** 「～のときに」의 딱딱한 표현으로서 사용한다.

① この試験を受けるに際して、以下の書類を提出してください。

이 시험을 볼 때, 이하의 서류를 제출해 주세요.

② 政府の能力は、非常事態に際してどのように素早く行動できるかで判断できる。

정부의 능력은 비상사태 때 어떻게 재빠르게 행동할 수 있는지로 판단할 수 있다.

5）**～にあたって／にあたり** 여느 때와는 다른 특별한 일을 할 때에 사용한다.

① 留学するにあたって、パスポートとビザを申請した。

유학에 앞서 여권과 비자를 신청했다.

② 物事の決定にあたり、日本ではボトム・アップ方式を取ることが多い。

매사를 결정함에 있어, 일본에서는 보텀 업(하의상달)방식을 취하는 경우가 많다.

1－12 어떤 행위・현상과 함께 (또는 계속해서) 일어날 상황이나 그와 동시에 행해질 동작을 나타낸다.

1）**～ついでに** 본래의 목적과 동시에 다른 일을 하는 것을 나타낸다.

① 買い物のついでに銀行でお金をおろしてきた。

쇼핑 가는 김에 은행에서 돈을 찾아 왔다.

② 友達の結婚式で大阪へ行くついでに、京都に寄ってお寺を見てきたい。

친구 결혼식으로 오사카에 가는 김에 교토에 들러서 절을 보고 싶다.

2）**～なしで** ＝ ～が存在しない状態で（「～」가 존재하지 않는 상태로）

① コンピューターなしで仕事をするのは難しい。

컴퓨터 없이 일을 하기는 어렵다.

② 許可なしでこの部屋を使わないでください。

허가 없이 이 방을 사용하지 마세요.

3）**～ことなく** ＝ ～しないで (라는 의미를 나타낸다)

① 日本に来てから大学に入るまで、一日も休むことなく日本語の勉強を続けた。

일본에 와서 대학에 들어갈 때까지, 하루도 쉬지 않고 일본어 공부를 계속했다.

② 自分が正しいと思うことは、迷うことなくやるべきだ。

자신이 옳다고 생각하는 일은 망설이지 말고 해야 한다.

4）**～つつ／つつも** 동일한 주체가 두 가지 동작을 동시에 함을 나타낸다.「～つつも」는 역접이 된다.

① 高い品質を保ちつつ、価格の安い商品を作ることは簡単なことではない。

높은 품질을 유지하면서 가격이 저렴한 상품을 만들기는 쉬운 일이 아니다.

② 会社の先輩は、文句を言いつつも、いつも私の仕事を手伝ってくれた。

회사 선배는 불평을 하면서도 언제나 내 일을 거들어 주었다.

5）**～もかまわず** ＝ ～を気にしないで (「～」를 신경 쓰지 않고)

① 彼女は化粧が落ちるのもかまわず、泣き続けた。

그녀는 화장이 지워지는 것도 개의치 않고 계속 울었다.

② 彼は周囲の視線もかまわず、彼女を抱きしめた。

그는 주위의 시선도 아랑곳하지 않고 그녀를 끌어안았다.

1－13 가지고 있는 지식을 근거로 권유나 지시, 판단을 표현하다.

1）**～ことだから** 어떤 사건이나 기존의 지식을 근거로 권유나 지시, 판단을 할 경우에 쓴다.

① 試験も終わったことだから、みんなで食事に行こう。

시험도 끝났으니 다 같이 식사하러 가자.

② いつも遅刻する山本さんのことだから、今日もきっと遅れてくるだろう。

항상 지각하는 야마모토 씨니까 오늘도 분명 늦게 오겠지.

1－14 기타.

1）**～に代わって** 주체・대상이 교체되는 것을 나타낸다.

① 社長に代わって、部長が来年度の計画をご説明します。

사장님을 대신해 부장님이 내년도 계획을 설명해 드리겠습니다.

② ここでは石油に代わる新しい燃料を使っている。

여기서는 석유 대신 새로운 연료를 사용하고 있다.

2）**～にこたえて** 「～」에 반응하여 무엇인가를 하는 것을 나타낸다.

① 大統領は支援者の声援にこたえて手を振った。

대통령은 지지자의 성원에 보답하여 손을 흔들었다.

② 多くのご要望におこたえして、新製品を開発することになりました。

많은 요망에 부응하여 신제품을 개발하게 되었습니다.

3）**～に先立って／に先立ち／に先立つ** 「～」에 앞서 무언가를 하다는 것을 나타낸다.

① 結婚に先立って両家の親族が食事会を開くことになった。

결혼에 앞서 양가 친척이 식사 모임을 열게 되었다.

② 起業に先立つ資金は親から援助してもらった。

창업에 앞서 자금은 부모로부터 지원 받았다.

4）**～にしたがって／にしたがい……** 「～」의 변화에 영향 받아「……」의 변화가 생기는 것을 나타낸다.

① 日本での生活が長くなるにしたがって日本の文化にも詳しくなった。

일본에서의 생활이 길어짐에 따라 일본 문화에도 정통하게 되었다.

② 食生活の多様化にしたがい、成人病の治療も複雑になってきた。

식생활의 다양화에 따라 성인병의 치료도 복잡해졌다.

5）**～にともなって／にともない／にともなう** 「～」의 변화가 다른 변화에 연동하고 있음을 나타낸다.

① 少子化にともなって小学校の統廃合が進んでいる。

저출산에 따라 초등학교의 통폐합이 진행되고 있다.

② この国では医学の進歩にともなう高齢化が進んでいる。

이 나라에서는 의학의 진보에 따른 고령화가 진행되고 있다.

6）**～に対して（は、も）／に対し** 동작이나 관심이 향하는 대상을 분명히 나타낸다.

① 社員たちは社長に対して給料を上げてほしいと訴えた。

사원들은 사장에게 월급을 올려줬으면 좋겠다고 호소했다.

② 田中さんに対する部長のものの言い方は厳しすぎる。

다나카 씨에 대한 부장의 말투는 매우 엄격했다.

7）**～を契機に（して）／を契機として……** 「……」이 일어난 것은「～」가 계기였음을 나타낸다.

① オリンピックの開催を契機として都市整備が急ピッチで進められた。

올림픽 개최를 계기로 도시 정비가 빠른 속도로 진행되었다.

② 県大会での優勝を契機に今度は全国大会での優勝を目指す。

현 대회에서의 우승을 계기로 이번에는 전국 대회에서의 우승을 노린다.

8）**～をもとに(して)……** 「……」의 재료·근거가 「～」임을 나타낸다. 「……」에는 생산·결정·실시 등의 동사를 사용한다.

① 実話をもとにして映画を作った。
실화를 바탕으로 영화를 만들었다.

② 社員の営業成績をもとに翌年の売上げ目標を決める。
사원의 영업 성적을 바탕으로 다음 해의 매출 목표를 정한다.

9）**～たあげく……** 오랜 시간 고생이나 여러 가지 힘든 경험을 한 뒤에 마지막에 발생하는 「……」을 나타낸다.

① 妹の結婚祝いは、あれにしようかこれにしようかとさんざん迷ったあげく、現金を贈ることにした。
동생의 결혼 축하 선물은 저것으로 할까 이것으로 할까 한참 망설인 끝에 현금을 주기로 했다.

② 兄は何度も入学試験に失敗したあげく、とうとう大学への進学をあきらめてしまった。
형은 몇 번이나 입학 시험에 실패한 끝에 결국 대학 진학을 포기하고 말았다.

10）**～うえ／うえに** 어떤 상태나 사건에, 거듭 유사한 상태나 사건이 더해짐을 나타낸다.

① 東京の賃貸マンションは狭いうえ値段も高い。
도쿄의 임대 아파트는 좁은 데다 값도 비싸다.

② 子どもが急に熱を出したうえに、自分も風邪気味で、仕事を休まなければならなくなった。
아이가 갑자기 열이 난 데다가 나 역시 감기 기운이 있어서 일을 쉬게 되었다.

11）**～かわりに** 「～」과는 별개의 일을 하거나 다른 상태가 되는 것을 나타낸다.

① 授業料を免除されるかわりに、学校の事務の仕事を手伝うことになった。
수업료를 면제받는 대신 학교 사무 일을 돕게 되었다.

② 私のマンションの1階にはコンビニがあって、便利なかわりに、人がいつも通って、少しうるさい。
우리 아파트 1층에는 편의점이 있어서 편리한 대신에 사람이 항상 다녀 조금 시끄럽다.

12）**～にかけては……** 「……」이라는 평가는 「～」의 경우에 한정되어 있지만, 돋보이고 있음을 나타낸다.

① この子は暗算が得意で、そのスピードにかけてはコンピューターにも負けないくらいだ。
이 아이는 암산을 잘해서 그 속도에 관해서는 컴퓨터에도 지지 않을 정도이다.

② 福井県はメガネの生産にかけては全国一を誇っている。
후쿠이 현은 안경 생산에 관한 한 전국 제일을 자랑하고 있다.

13) **～にしたら／にすれば**　‘「～」의 입장에서는’이라는 의미를 나타낸다.

① 子どもにしたらビールは単なる苦い飲み物でしかない。

어린이에게 맥주는 단지 씁쓸한 음료에 불과하다.

② このカレーの辛さは大人にすれば何でもないが、子どもにはとても食べられない。

이 카레의 매운 맛은 어른에게는 아무것도 아니지만, 어린이들은 도저히 먹을 수 없다.

14) **～に反して／に反し**　「～」의 의사와 다름을 나타낸다.

① 周囲の期待に反して、結局彼らは結婚しなかった。

주위의 기대를 저버리고 결국 그들은 결혼하지 않았다.

② あの政党は市民の意思に反するマニフェストを掲げている。

그 정당은 시민의 의사에 반하는 공약을 내걸고 있다.

15) **～ぬきで／ぬきに／ぬきの、～をぬきにして（は）**　당연히 포함되어야 할「～」가 포함되어 있지 않음을 나타낸다.

① 堅苦しいことはぬきにして、ざっくばらんに話しましょう。

딱딱한 이야기는 접어두고, 솔직하게 이야기합시다.

② ワサビぬきのお寿司なんて食べたくない。

고추냉이를 뺀 스시 따위 먹고 싶지 않다.

16) **～を問わず……**　「……」은「～」의 차이에 상관하지 않음을 나타낸다.

① この店ではメーカー・車種を問わず高額でバイクの買い取りを行っている。

이 가게에서는 제조 회사・차종에 관계없이 고액으로 오토바이 매입을 하고 있다.

② この試験は国籍を問わず誰でも受けられます。

이 시험은 국적을 불문하고 누구라도 볼 수 있습니다.

17) **～を中心に（して）／を中心として……**　‘「……」은 주로「～」으로’라는 의미를 나타낸다.

① 今回、日本経済の停滞の原因を中心に調査が行われた。

이번에 일본 경제의 침체의 원인을 중심으로 조사가 실시됐다.

② この大学は医学部を中心とした理系の学部が人気だ。

이 대학은 의학부를 중심으로 한 이과계 학부가 인기다.

18) **～はもちろん／はもとより～も**　「～」이라는 당연한 것을 거론하며, 거기에는 보통 포함되지 않을 것 같은「～」도 포함되어 있음을 나타낸다.

① ディズニーランドは、子どもはもちろん大人も楽しめる。

디즈니랜드는 어린이는 물론 어른도 즐길 수 있다.

② 京都には和食はもとより洋食のおいしいレストランも多い。

교토에는 일식은 물론 양식이 맛있는 레스토랑도 많다.

19) **～をめぐって……**　「～」이나 그것에 관계되는 것이 원인으로「……」이 일어나고 있음을 나타낸다.

① 墓地の建設をめぐって周辺の住民が反対運動を起こしている。

묘지 건설을 둘러싸고 주변의 주민이 반대 운동을 일으키고 있다.

② 父親の遺産をめぐって長男と次男が法廷で争っている。

아버지의 유산을 둘러싸고 장남과 차남이 법정에서 다투고 있다.

20) **～につけ／につけて／につけても……** 「～」할 때는 언제나 「……」라는 것을 나타낸다.

① この写真を見るにつけ昔のことを思い出す。

이 사진을 볼 때마다 옛날 일이 떠오른다.

② 何事につけ真心をこめて丁寧に対応していれば、客に文句を言われることはない。

무슨 일이든 정성을 다해 정중하게 대응하면 손님에게 불평을 듣는 일은 없다.

2. 접속어를 사용해 표현하기 (P: 접속어 앞의 글　Q: 접속어 뒤의 글)

2－1　순접 (원인・이유－결과)의 관계에서 사용한다.

1) **したがって**　P를 근거로 하여 판단 Q를 서술한다. 논설문 등 딱딱한 문장에서 사용된다.

① この町は人口が減っているだけでなく高齢化も進んでいる。したがって、経済の発展を考えると、若い世代の住民を増やすことが重要だと思う。

이 마을은 인구가 줄고 있을 뿐만 아니라 고령화도 진행되고 있다. 따라서 경제 발전을 생각하면 젊은 세대의 주민을 늘리는 것이 중요하다고 생각한다.

② 先月の売上げは約 300 万円、今月は合計およそ 400 万円であった。したがって、わずか 1 か月で 30%以上伸びたことになる。

지난 달 매출은 약 300 만엔, 이번 달은 합계 약 400 만엔이었다. 따라서 불과 1 개월만에 30% 이상 늘어난 셈이다.

2－2　순접 (조건－결과)의 관계에서 사용한다.

1) **だとすると／だとすれば／だとしたら**　P로 가정하면 결과는Q가 된다는 것을 서술한다.

① A：天気予報によると明日は大雨になりそうだって。

B：えっ、そう。だとすると、明日のお花見は無理かもしれないね。

A：일기 예보에 따르면 내일은 큰 비가 올 것 같대.

B：아, 그래? 그럼 내일 꽃구경은 무리일지 모르겠군.

2－3 이유를 서술한다.

1）**なぜなら／なぜかというと** P의 원인・이유는 Q임을 말한다.

① 近年、大学生が専門的な勉強に時間をかけられなくなっている。なぜなら、就職が年ごとに厳しくなり、就職活動のため3年生ぐらいからあまり大学に来られなくなるからだ。
근래 대학생이 전문적인 공부에 시간을 들이지 못하고 있다. 왜냐하면 취직이 해마다 어려워져 취직 활동으로 인해 3학년 정도부터 별로 대학에 올 수 없게 되기 때문이다.

② 仕事は9時からだが、私は8時までに会社に着くように出かける。なぜかというと、早い時間のほうが電車がすいていて快適だからだ。
업무는 9시부터지만, 나는 8시까지 회사에 도착하도록 나선다. 왜냐하면 이른 시간에는 전철이 비어 있어 쾌적하기 때문이다.

2－4 역접관계에 사용한다.

1）**それなのに** P의 예상과 다른 결과 Q가 된 것을 나타낸다. 놀라움이나 불만을 나타내는 경우가 많다.

① 試験のためにアルバイトもやめて毎日遅くまで勉強した。それなのに、合格できなかった。
시험 때문에 아르바이트도 그만두고 매일 늦게까지 공부했다. 그런데도 합격하지 못했다.

② 田中さんと山本さんは誰からもうらやましがられるカップルだった。それなのに、結婚してからはうまくいかなくて、2年後に離婚してしまった。
다나카 씨와 야마모토 씨는 누구에게나 부러움을 사는 커플이었다. 그런데 결혼 후 잘 안 돼서 2년 후에 이혼하고 말았다.

2－5 바꿔 말하다.

1）**要するに** P를 간단하게 요약하면 Q라는 것을 말한다.

① 渡辺さんは優秀な会社員で、英語と中国語がぺらぺらで、スポーツも料理もできる。要するに、万能の女性だ。
와타나베 씨는 우수한 회사원으로 영어와 중국어가 유창하고, 스포츠도 요리도 할 수 있다. 요컨대 만능 여성이다.

2）**すなわち** P를 다른 말로 설명하면 Q라는 것을 말한다. 문장 뿐 아니라 단어를 바꿀 때도 사용한다.

① この学部では「スポーツ科学」は必修科目です。すなわち、この科目の単位を取らなければ卒業できないのです。

이 학부에서는 '스포츠 과학'은 필수 과목입니다. 즉 이 과목의 학점을 이수하지 않으면 졸업할 수 없습니다.

② 息子は西暦2000年、すなわち20世紀最後の年に生まれた。

아들은 서기 2000년, 즉 20세기 마지막 해에 태어났다.

3）**いわば**　＝　たとえて言ってみれば (예를 들어 말하자면)

① 韓国のチヂミという料理は、いわば日本のお好み焼きのようなものです。

한국의 부침개라는 음식은 말하자면 일본의 오코노미야키 같은 것입니다.

② 昭和は大きく戦前と戦後に分けられる。いわば異なる2つの時代が1つの名前で呼ばれているようなものだ。

쇼와는 크게 전쟁 전과 전쟁 후로 나뉜다. 말하자면 다른 두 시대가 하나의 이름으로 불리고 있는 것이다.

2－6　덧붙이다.

1）**しかも**　P다. 게다가 Q다. P보다 정도가 높은 Q를 첨가한다는 의미를 나타낸다.

① 山本先生のクラスでは毎回テストがある。しかも、毎回全員の点数が公表される。

야마모토 선생님의 반에서는 매번 시험이 있다. 게다가 매번 모두 점수가 공개된다.

② 卵は安くて調理が簡単な食材だ。しかも、栄養が豊富である。

달걀은 싸고 조리가 간단한 재료다. 게다가 영양이 풍부하다.

2）**そればかりでなく／そればかりか**　P다. 그 뿐만 아니라 Q다. P보다도 뜻밖의 Q를 가한다는 의미를 나타낸다.

① この地域は夏の間に数回大雨にあった。そればかりでなく、9月には台風によって大きな被害を受けた。

이 지역은 여름 동안 여러 차례 폭우가 내렸다. 그뿐만 아니라 9월에는 태풍으로 큰 피해를 입었다.

② 太郎君は小学1年生なのに家で留守番ができる。そればかりか、掃除や夕食の買い物までするそうだ。

타로 군은 초등학교 1학년인데도 집을 볼 수 있다. 그뿐만 아니라 청소나 저녁 식사 장보기까지 한다고 한다.

2－7　보충하다.

1）**もっとも**　P의 예외나 제한으로서 Q를 나타낸다.

① 次回は校外学習の予定です。もっとも、雨が降ったら中止ですが。

다음 번에는 교외 학습할 예정입니다. 단 비가 내리면 중지됩니다만.

② 大学に新しい寮をつくることになり、工事が始まっている。もっとも、完成するのは、私が卒業したあとだそうだ。

대학에 새로운 기숙사를 만들게 되어 공사가 시작되었다. 다만, 완성되는 것은 내가 졸업한 뒤라고 한다.

2) **ただし**　P의 예외나 제한으로서 Q를 나타낸다. Q로 명령하거나 의뢰할 때에도 사용된다.

① 定休日は月曜日です。ただし、月曜日が祝日の場合、火曜日になります。

정기 휴일은 월요일입니다. 단, 월요일이 공휴일일 경우, 화요일이 됩니다.

② 夕食まで自由時間です。ただし、外に出るときは必ず連絡してください。

저녁 식사 때까지 자유 시간입니다. 단, 밖에 나갈 때는 반드시 연락해 주세요.

3) **なお**　P에 관련된 정보를 Q에 덧붙인다.

① パーティーは7時から食堂で行いますので、お集まりください。なお、参加費は無料です。

파티는 7시부터 식당에서 거행되므로 모여 주십시오. 또한 참가비는 무료입니다.

2-8 선택하다.

1) **それとも**　P와 Q중 어느 하나를 상대에게 선택하게 할 때 사용한다.

① 地下鉄で帰りますか。それとも、タクシーに乗りますか。

지하철로 돌아갑니까? 아니면 택시를 탑니까?

② コーヒー、飲む？　それとも、お茶？

커피 마실래? 아니면 차?

2-9 전환하다.

1) **さて**　P에 연관된 다른 화제 Q로 넘어갈 때 사용한다.

① 時間になりましたので、「留学生の集い」を始めます。最後までごゆっくりお楽しみください。さて、ここで問題です。この大学に留学生は何人いるでしょうか。

시간이 되었으므로, '유학생 모임'을 시작하겠습니다. 끝까지 편히 즐겨 주세요. 자, 여기서 문제입니다. 이 대학에 유학생은 몇 명 있을까요?

② 今日予約している店は魚料理がおいしいんですよ。……さて、みなさん揃いましたね。そろそろ出かけましょうか。

오늘 예약한 가게는 생선 요리가 맛있어요. ……자, 모두 모이셨네요. 슬슬 나갑시다.

2) **それはそうと／それはさておき**　P와 직접 관계가 없는 다른 화제 Q로 넘어갈 때에 사용한다 (Q는 P보다 중요).

① 昨日はひどい天気だったね。せっかくの休みなのにどこへも行けなかったよ。それはそうと、今日、漢字のテストがあるんだっけ？
어제는 날씨 지독했지. 모처럼 휴일인데 아무데도 못 갔어. 그나저나 오늘 한자 시험이 있다고 했나?

3）**それにしても** 한번 얘기한 화제 Q를 다른 화제 P의 뒤에 다시 거론할 때에 사용한다.

① 今日は道が込んでるね。…そうそう、宿題やった？ 難しかったよね。半分以上分からなかった。…それにしても、込んでるね。今日は何かあるのかなあ。
오늘은 길이 막히네. 아, 맞다. 숙제 했어? 어려웠지. 절반 이상은 모르겠더라. …그건 그렇고, 막히네. 오늘 무슨 일이 있나.

3. 접미어를 사용해 여러 가지 표현을 한다

1）**～がたい** ＝ ～できない（「～」할 수 없다）

① 社長の意見は理解しがたいものばかりだ。
사장님의 의견은 이해가 안 가는 것뿐이다.

② 気の弱い田中さんが会長になるなんて信じがたいことだ。
심약한 다나카 씨가 회장이 되다니 믿기 힘든 일이다.

*그 밖에 자주 사용되는 예로서, 想像しがたい・賛成しがたい・言いがたい 등이 있다.

2）**～がちだ** 좋지 않은 상태가 되기 쉽다는 것을 나타낸다.

① この頃山本さんは授業を休みがちだ。それで、成績が下がってきているのだ。
요즘 야마모토 씨는 걸핏하면 수업을 빠진다. 그래서 성적이 떨어지는 것이다.

② 人のまねをして書いたレポートはおもしろくないものになりがちだ。
남을 흉내 내서 쓴 리포트는 재미 없는 것이 되기 쉽다.

*그 밖에 자주 사용되는 예로서, ありがちだ・忘れがちだ・病気がちだ 등이 있다.

3）**～気味だ** ＝ ～する傾向が少しある（「～」하는 경향이 좀 있다）

① コーヒー豆の価格が上がり気味だ。
커피 원두의 가격이 오르는 경향이 있다.

② 最近ちょっと太り気味なの。ダイエットしなくちゃ。
요즘 살이 좀 찌는 것 같아. 다이어트 해야겠어.

*그 밖에 자주 사용되는 예로서, 風邪気味だ・下がり気味だ 등이 있다.

4）**～づらい** 심정적 또는 능력적으로「～」하기 어려운 것을 나타낸다.

① 忙しそうなので、手伝ってくださいとは言いづらかったんです。
바쁜 것 같아서 도와달라고 말하기 어려웠어요.

② 大量の数字は人間には扱いづらいので、計算を任せるためにコンピューターが開発されたのである。
대량의 숫자는 인간이 다루기 힘들기 때문에 계산을 맡기기 위해 컴퓨터가 개발된 것이다.

5）**～だらけ** 전체적으로 바람직스럽지 못한 것이 퍼져 있는 상태를 나타낸다.
① このカバンは傷だらけだ。
이 가방은 흠집투성이다.
② この部屋は長い間人が住んでいなかったため、部屋の隅がほこりだらけだ。
이 방은 오랫동안 사람이 살지 않아 방구석이 먼지투성이다.
③ 政府が出した改革案は問題だらけだ。
정부가 내놓은 개혁안은 문제투성이다.

6）**～っぽい** ＝ 「～」のように感じられる／見える（「～」처럼 느껴진다 / 보인다）
① 今朝から熱っぽい。
오늘 아침부터 열이 있는 듯하다.
② もう大人なんだから、子どもっぽい話し方はやめなさい。
이제 어른이니까, 어린 말투는 그만둬라.

7）**～向きだ／向きに／向きの** 어떤 대상으로 적합하다는 것을 나타낸다.
① 彼の性格は政治家向きだ。
그의 성격은 정치가에 적격이다.
② この家は高齢者向きに作られている。
이 집은 고령자용으로 지어졌다.

8）**～向けだ／向けに／向けの** 어떤 것의 사용자・사용 목적이 상정되어 있는 것을 나타낸다.
① 吉田さんは放送局で子ども向けの番組を制作している。
요시다 씨는 방송국에서 어린이용 프로그램을 제작하고 있다.
② このパンフレットは外国人向けに、分かりやすい日本語で書かれています。
이 팜플렛은 외국인을 위해 쉬운 일본어로 쓰여 있습니다.

4. 발화할 때의 주관적 태도, 기분을 표현한다

4－1 권유, 제안하다.

1）**～（よ）うではないか** 상대를 부추기는 마음이나 제안을 나타낸다.
① どの会社もやらないなら仕方がない。わが社が引き受けようではないか。
어느 회사도 하지 않는다면 어쩔 수 없지. 우리 회사가 맡아 보자고.
② まず、彼の言うことを聞こうではないか。
우선 그의 말을 들어 보자고.

4－2　단정을 피하고 부분적으로 부정한다 .

1）**～とは限らない**　＝　いつも～であるとは言えない、～ではない可能性もある（항상「～」라고는 할 수 없으며 ,「～」가 아닐 가능성도 있다）

① お金持ちが幸せだとは限らない。
부자가 반드시 행복하다고는 할 수 없다 .

② どの学習者にも日本語の発音がやさしいとは限らない。
모든 학습자에게 일본어 발음이 쉬운 것만은 아니다 .

2）**～ないとも限らない**　＝　～である可能性もある（「～」일 가능성도 있다）

① 世界的な食糧危機が起こらないとも限らない。
세계적인 식량 위기가 일어나지 않는다고는 할 수 없다 .

② いい就職先が見つからないとも限らないから、まじめに努力を続けるべきだ。
좋은 취직자리를 찾지 못하란 법도 없으니 성실하게 계속 노력해야 한다 .

3）**～なくはない／～ないことはない**　＝　～ではないとは言い切れない（「～」가 아니라고는 단정할 수 없다）

① この計画に問題があると考えられなくはない。
이 계획에 문제가 있다고 생각할 수도 있다 .

② この漫才コンビはおもしろくなくはない。しかし、他にもっとおもしろいコンビがいる。
이 만담 콤비는 재미 없는 것은 아니다 . 그러나 다른 더 재미있는 콤비가 있다 .

③ 彼女の料理はおいしくないことはない。
그녀의 요리는 맛이 없는 건 아니다 .

4－3　일부를 명확히 부정한다 .

1）**～のではない**　～의 내용을 부정한다 .

① A：彼が財布を盗んだのですか。（「誰かが財布を盗んだ」ことは分かっている）
B：いいえ、彼が財布を盗んだのではありません。他の人が盗んだのです。
A：그가 지갑을 훔친 겁니까 ?（‘누군가가 지갑을 훔친 것’은 알고 있다）
B：아니요 , 그가 지갑을 훔친 것은 아닙니다 . 다른 사람이 훔친 겁니다 .

2）**～はしない**　～은 하지 않지만 , 그와 관련 있는 것은 한다는 것을 나타낸다 .

① その本を買いはしなかったが、おもしろそうだったので、図書館で借りて読んだ。
그 책을 사지는 않았지만 , 재미있게 보여서 도서관에서 빌려 읽었다 .

② 彼女はあまり多くのことを話しはしないが、話し方は上手だ。
그녀는 그다지 많은 것을 말하지는 않지만 , 말솜씨는 좋다 .

4－4　강한 부정을 나타낸다 .

1）**～わけがない**　～의 내용을 강하게 부정한다 .　＝　～はずがない（～일리가 없다）격의 없는 구어체에서는「～っこない」도 사용된다 .

①　こんないい天気なのだから、雨が降るわけがない。
　　이렇게 날씨가 좋으니 비가 올 리가 없다 .

②　ケーキが大好きな洋子さんが、この店のこのケーキのことを知らないわけがない。
　　케이크를 매우 좋아하는 요코 씨가 이 가게의 이 케이크를 모를 리 없다 .

③　この問題はかなり難しい。彼女には解けっこないよ。
　　이 문제는 상당히 어려워 . 그녀가 풀 수 있을 리 없어（그녀는 절대 못 풀어）.

2）**～ようがない**　＝　～する方法がない（～할 방법이 없다）

①　断水になると、料理のしようがない。
　　단수가 되면 , 요리를 할래야 할 수가 없다 .

②　毎日 10km 歩いて学校に通っている彼はすごいとしか言いようがない。
　　매일 10km 걸어서 학교에 다니는 그는 대단하다고 밖에는 말할 수 없다 .

3）**～どころではない**　＝　～の（する）時間的・心理的余裕がない（～의（할）시간적・심리적 여유가 없다）

①　今日はパーティーの準備で忙しくて、美容院に行くどころではなかった。
　　오늘은 파티 준비로 바빠서 미용실에 갈 상황이 아니었다 .

②　A：今晩一緒にご飯食べない？
　　B：ごめんね。明日試験があって、それどころじゃないのよ。
　　A：오늘 저녁 같이 밥 안 먹을래 ?
　　B：미안해 . 내일 시험이 있어서 그럴 상황이 아니야 .

4－5　대수롭지 않다는 심정을 나타낸다 .

1）**～にすぎない**　＝　～はたいしたことではない（그저 ～이다）

①　私は一人の学生にすぎませんが、一応専門的な知識は持っています。
　　저는 한 학생에 지나지 않습니다만 , 일단 전문적인 지식은 갖추고 있습니다 .

②　今回明らかになったのは問題全体の一部にすぎない。
　　이번에 밝혀진 것은 문제 전체의 일부에 불과하다 .

4－6　가능성을 서술한다 .

1）**～かねない**　＝　～する危険がある（～할 위험이 있다）

①　今回の首相の発言は外国に誤解を与えかねない。
　　이번 총리의 발언은 외국에 오해를 줄 수 있다 .

② これ以上景気が悪くなると、失業者が大量に生まれかねない。

더 이상 경기가 나빠지면 실업자가 대량으로 발생할 수 있다.

2）**〜かねる** 〜하고 싶지만 할 수 없다는 것을 나타낸다.

① 彼女の言うことは理解しかねる。

그녀가 말하는 것은 이해할 수가 없다.

② ご依頼の件はお引き受けしかねます。

의뢰하신 건은 맡기 어렵습니다.

4－7 심경을 강하게 서술한다.

1）**〜ずにはいられない／ないではいられない** 아무래도 〜하고 만다는 심경을 표현한다.

① お酒を飲んで楽しくなって、歌を歌わずにはいられなかった。

술을 마시고 즐거워져서 노래를 부르지 않을 수 없었다.

② ダイエット中でも、おいしそうなケーキを見ると食べないではいられない。

다이어트 중이라도 맛있게 생긴 케이크를 보면 먹지 않고는 못 배기겠다.

2）**〜てしょうがない／てしかたがない** 참을 수 없을 정도로 〜라는 기분이나 상태가 되는 것을 나타낸다.

① のどが渇いて、水が飲みたくてしょうがなかった。

목이 타서 물이 마시고 싶어 미치겠다.

② 冷房が壊れているので、暑くてしかたがない。

냉방이 고장나서 더워 미치겠다.

3）**〜てならない** 자꾸 〜하는 기분이나 상태가 되는 것을 나타낸다. 자연스럽게 그런 기분이 된다는 의미를 포함한 동사와 함께 사용된다.

① ふるさとのことが思い出されてならない。

고향이 자꾸 생각나서 못 견디겠다.

② 彼の言っていることには嘘があるような気がしてならない。

그가 말하는 데에는 거짓이 있는 듯한 느낌이 자꾸 든다.

4）**〜ほかない** 〜이외의 선택지가 없으니 어쩔 수 없다는 심정을 나타낸다.

① 締切りまで時間がないので、とにかく今、分かっていることを論文に書くほかない。

마감까지 시간이 없으니 어쨌든 지금 알고 있는 것을 논문으로 쓰는 수밖에 없다.

② 今は手術が無事に終わることを祈るほかありません。

지금은 수술이 무사히 끝나기를 기원하는 수밖에 없습니다.

4－8 의문의 마음을 표현한다 .

1）**～かしら** ～에 대해서 의문을 갖고 있음을 나타낸다 . 주로 여성이 사용한다 .

① 今日は道路が込んでるわね。バス、時間通りに来るかしら。

오늘은 도로가 붐비네 . 버스 , 제시간에 오려나 .

② あれ、財布がない。どこに置いたのかしら。

어 , 지갑이 없네 . 어디에 둔 걸까 .

4－9 판단 기준과 함께 서술한다 .

1）**～からいうと・～からして／からすると／からすれば・～からみると／みれば／みて／みても** ＝ ～という点から考えると、～という点から考えても (～라는 점에서 생각하면 , ～라는 점에서 생각해도)

① 立地条件からいうと、この家は最高だ。

입지 조건에서 보면 이 집은 최고다 .

② 彼は服装からして、学校の先生には見えない。

그는 복장부터가 학교 선생님으로는 보이지는 않는다 .

③ 子どもの立場からすると学校の週休二日制はいいことだが、親にとってはそうではない。

아이 입장에서 보면 학교의 주 5일제 수업은 좋은 것이지만 , 부모에게는 그렇지 않다 .

④ 国家的非常事態の際の日本政府の対応は、先進国の基準からみて、かなり劣っていると言える。

국가적 비상 사태 시 일본 정부의 대응은 선진국 기준으로 볼 때 상당히 뒤떨어진다고 말할 수 있다 .

4－10 사물의 현상이나 모양 , 상태에 대해서 서술한다 .

1）**～かのようだ** ＝ ～であるように見える／感じられる (～인 것처럼 보인다 / 느껴진다)

① この辺りの道は複雑で、迷路に入ってしまったかのようだ。

이 근처의 길은 복잡해서 미로에 들어간 것 같다 .

② 一面にひまわりの花が咲いていて、その部分が燃えているかのようだ。

온통 해바라기 꽃이 피어 있어서 그 부분이 불타고 있는 듯하다 .

2）**～ものがある** ～하는 특별한 물건・일이 있음을 나타낸다 .

① 彼の絵には見る人の心を強く動かすものがある。

그의 그림에는 보는 사람의 마음을 강하게 움직이게 하는 것이 있다 .

② 2、3歳の子どもの成長の早さには目を見張るものがある。

2, 3세 어린이의 성장 속도는 눈을 휘둥그래하게 만드는 것이 있다 .

3）**～一方だ** 점점 ～이(가) 되는 모습을 강조하여 말한다. ～에 변화를 나타내는 동사의 사전형을 사용한다.

① 今のライフスタイルを変えないかぎり、ごみは増える一方だ。
지금의 생활 방식을 바꾸지 않는 한 쓰레기는 늘어날 뿐이다.

② 経済のグローバル化にともない、企業同士の競争は激しくなる一方である。
경제의 글로벌화에 따라 기업 간 경쟁은 치열해지기만 한다.

4－11 확신을 가지고 말한다.

1）**～にきまっている** ～을 확신하고 있음을 나타낸다. 단, 근거가 없어도 사용될 수 있다.

① 山本さん、得意先からまだ帰ってこないの？ 遅いね。
…またどこかでコーヒーでも飲んでるにきまってるよ。
야마모토 씨, 거래처에서 아직 돌아오지 않았어? 늦는군.
…또 어딘가에서 커피라도 마시고 있을 게 뻔해.

2）**～に相違ない** ＝ ～に違いない (～을 확신하고 있음을 나타낸다. 근거가 없어도 사용할 수 있지만「～にきまっている」보다 확신에 찬 마음은 약하다)

① 環境破壊は人間の身勝手な行動の結果に相違ない。
환경 파괴는 인간의 이기적인 행동의 결과나 다름없다.

4－12 필요・불필요, 의무의 판단을 말한다.

1）**～ことだ** 목적을 위해서는 ～이(가) 가장 중요하다는 판단을 말한다.

① 自分が悪かったと思うなら、まず素直に謝ることだ。
자신이 나빴다고 생각한다면, 먼저 순순히 사과하는 것이 좋다.

② 料理上手になるためには、とにかくおいしいものを食べて味を覚えることだ。
요리 잘 하려면, 하여간에 맛있는 것을 먹고 맛을 기억하는 게 상책이다.

2）**～ことはない** ～는 불필요하다는 판단을 말한다.

① 今日の試合に負けたからって、がっかりすることはないよ。次で頑張ればいいんだから。
오늘 시합에서 졌다고 실망할 필요 없어. 다음에 분발하면 되니까.

3）**～必要がある／～必要はない**　～는 필요하다 / 불필요하다는 판단을 말한다.

① 多くの野菜は水だけではうまく育たない。定期的に肥料を与える必要がある。
대다수의 채소는 물만으로는 잘 자라지 않는다. 정기적으로 비료를 줄 필요가 있다.

② この時計は太陽電池で動いていますので、電池を交換する必要はありません。
이 시계는 태양 전지로 움직이고 있으므로, 전지를 교환할 필요는 없습니다.

③ 手術の必要がありますか。
…いいえ、その必要はありません。薬で治療できます。
수술할 필요가 있습니까?
…아니요, 그럴 필요는 없습니다. 약으로 치료할 수 있습니다.

4）**～には及ばない**　～할 필요는 없다는 판단을 말한다.

① お忙しいでしょうから、わざわざ来ていただくには及びません。
바쁘실 텐데 일부러 오시지 않으셔도 됩니다.

② この本は高いので買うには及びません。必要なところをコピーしてください。
이 책은 비싸니 살 것까지는 없습니다. 필요한 부분을 복사하세요.

4－13　강하게 품는 감정, 감각을 전한다.

1）**～かぎりだ**　매우～하다는 기분을 표현한다.

① 渡辺さんは夏休みに夫婦でヨーロッパへでかけるらしい。うらやましいかぎりだ。
와타나베 씨는 여름 방학에 부부끼리 유럽에 간다고 한다. 그저 부러울 뿐이다.

② 楽しみにしていた同窓会が地震の影響で中止になってしまった。残念なかぎりだ。
기대했던 동창회가 지진의 영향으로 중지돼 버렸다. 매우 유감이다.

2）**～といったらない**　말로 형용할 수 없을 만큼 ～하다는 기분을 표현한다.

① 恋人と結婚式を挙げたときの感激といったらなかった。
애인과 결혼식을 올렸을 때의 감격이란 이루 말할 수 없다.

② 大勢の人がいるところで転んでしまった。恥ずかしいといったらなかった。
많은 사람이 있는 곳에서 넘어지고 말았다. 부끄럽기 짝이 없다.

3）**～ことか**　「どんなに／何度」등과 같이 쓰며, 알아주길 바란다는 강한 마음을 나타낸다.

① あなたと再会できる日をどんなに待ったことか。
당신과 재회할 날을 얼마나 기다렸던가.

② 漢字が書けるようになるまでに、何度練習したことか。
한자를 쓸 수 있게 되기까지 몇 번 연습했던가.

4－14 확인・인식을 요구한다 .

1）**～じゃないか** 상대에게 주의를 주어서 ～을 깨닫게 하다 .

① 太郎(たろう)、水道の水が出しっぱなしじゃないか。早く止めなさい。

타로야 , 수돗물을 틀어놓았잖아 . 빨리 잠가라 .

② 田中(たなか)さん、顔色が悪いじゃないですか。だいじょうぶですか。

다나카 씨 , 안색이 나쁘잖아요 . 괜찮으세요 ?

5. 어떤 동작이나 현상이 시간의 경과 속에서 어떤 상태에 있는지를 말한다

1）**～かける** ～를 시작하기 직전을 나타낸다 . 실제로는 하지 않았던 것을 나타내는 경우가 많다 .

① 電話がかかってきたとき、私は眠りかけていた。

전화가 걸려 왔을 때 , 나는 막 잠이 들려던 참이었다 .

② 彼(かれ)は何か言いかけたが、何も言わなかった。

그는 뭔가 말을 꺼냈지만 아무것도 말하지 않았다 .

2）**～かけの～** ＝ すでに少し～した～ (이미 조금 ～한～), ～は～かけだ ＝ ～はすでに少し～している (～은(는) 이미 조금 ～했다)

① 机(つくえ)の上に食べかけのリンゴが置(お)いてあった。

책상 위에 먹다 만 사과가 놓여 있었다 .

② 机の上のリンゴは食べかけだ。

책상 위의 사과는 먹다가 만 것이다 .

3）**～つつある** 변화의 도중임을 나타낸다 .

① 池の氷(こおり)が溶(と)けつつある。

연못의 얼음이 녹고 있다 .

② 日本の人口は少しずつ減少(げんしょう)しつつある。

일본의 인구는 조금씩 감소하는 중이다 .

4）**～ぬく** ＝ 最後(さいご)まで～する (마지막까지 ～하다)

① 仕事を引(ひ)き受(う)けたら、最後までやりぬくことが必要(ひつよう)だ。

일을 맡으면 끝까지 해내는 것이 필요하다 .

② 彼は政治犯(せいじはん)として逮捕(たいほ)され、つらい生活を強(し)いられたが、見事にその生活に耐(た)えぬいた。

그는 정치범으로 체포돼 괴로운 생활을 강요당했지만 , 훌륭히 그 생활을 견뎌 냈다 .

5）**～つくす** ＝ 全部(ぜんぶ)～する (전부 ～하다)

① 彼女(かのじょ)は会社の不満(ふまん)を言いつくして退職(たいしょく)した。

그녀는 회사의 불만을 전부 말하고 퇴직했다 .

② 彼(かれ)は親が残(のこ)してくれた800万円を半年で使いつくしてしまった。

그는 부모가 남겨 준 800만엔을 반년 만에 다 써 버리고 말았다.

6）**〜ている最中(さいちゅう)**　＝　ちょうど今〜している (지금 막 〜하고 있다)

① 今、旅行の準備(じゅんび)をしている最中だ。

지금 한창 여행 준비를 하는 중이다.

② 晩(ばん)ご飯を作っている最中に彼女(かのじょ)から電話がかかってきた。

한창 저녁 식사를 만들던 중에 그녀에게서 전화가 걸려 왔다.

文法担当 문법 담당
庵功雄（이오리 이사오）　高梨信乃（다카나시 시노）　中西久実子（나카니시 구미코）
前田直子（마에다 나오코）

執筆協力 집필 협력
亀山稔史（가메야마 도시후미）　澤田幸子（사와다 사치코）　新内康子（신우치 고우코）
関正昭（세키 마사아키）　田中よね（다나카 요네）　鶴尾能子（쓰루오 요시코）
藤嵜政子（후지사키 마사코）　牧野昭子（마키노 아키코）　茂木真理（모테기 마리）

編集協力 편집 협력
石沢弘子（이시자와 히로코）

韓国語翻訳 한국어 번역
趙恩馨（조은형）　若月祥子（와카츠키 사치코）

韓国語校閲 한국어 교열
入佐信宏（이리사 노부히로）

イラスト 일러스트
佐藤夏枝（사도 나츠에）

本文レイアウト 본문 레이아웃
山田武（야마다 다케시）

編集担当 편집 담당
井上隆朗（이노우에 다카오）

みんなの日本語　中級 II
翻訳・文法解説　韓国語版

2017年 5月 26日　初版第1刷発行
2018年 9月 21日　第 2 刷 発 行

編著者　スリーエーネットワーク
発行者　藤嵜政子
発　行　株式会社　スリーエーネットワーク
〒102-0083 東京都千代田区麹町3丁目4番
トラスティ麹町ビル 2F
電話　営業 03（5275）2722
編集 03（5275）2726
http://www.3anet.co.jp/
印　刷　倉敷印刷株式会社

ISBN978-4-88319-616-6　C0081